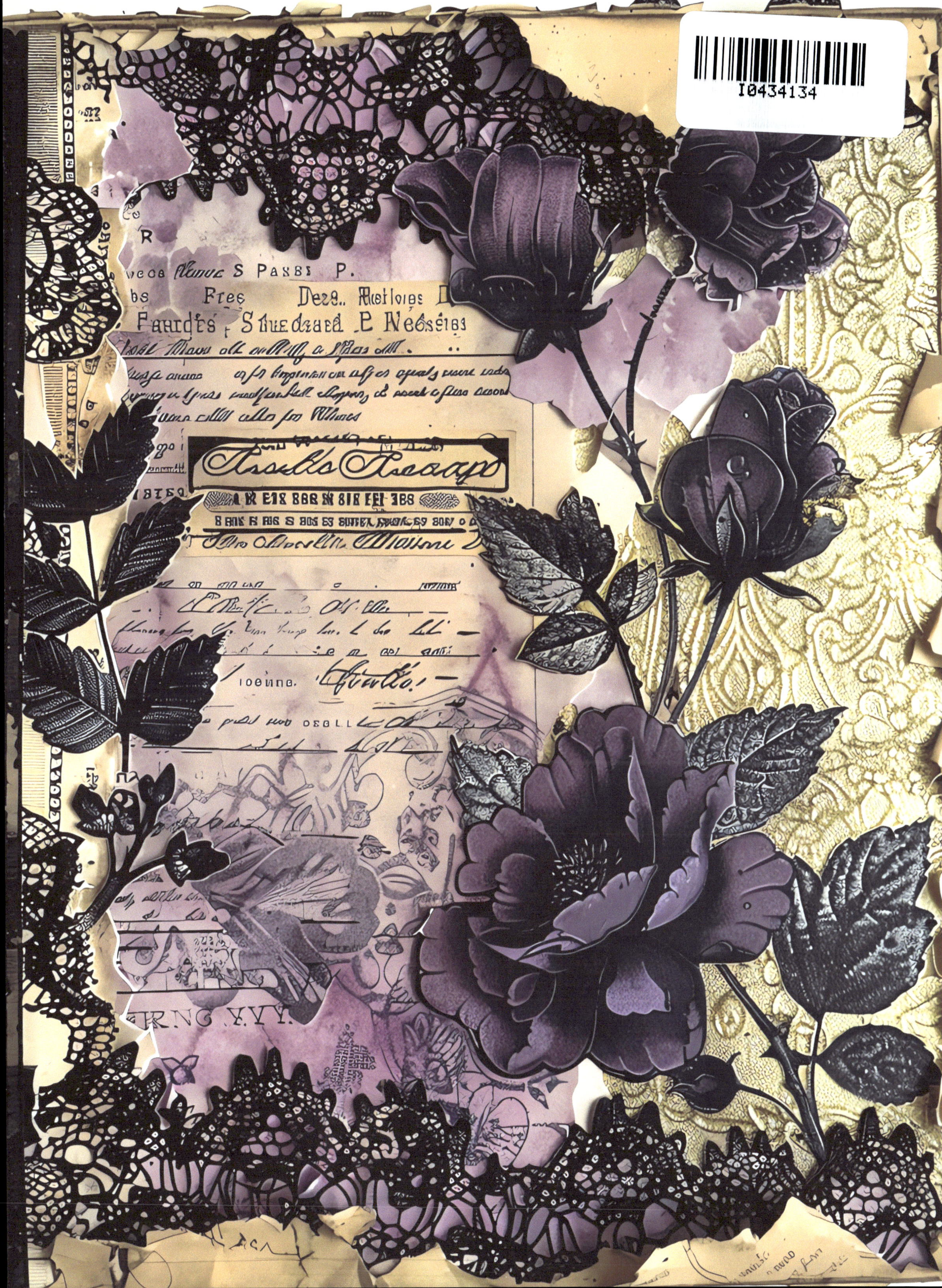

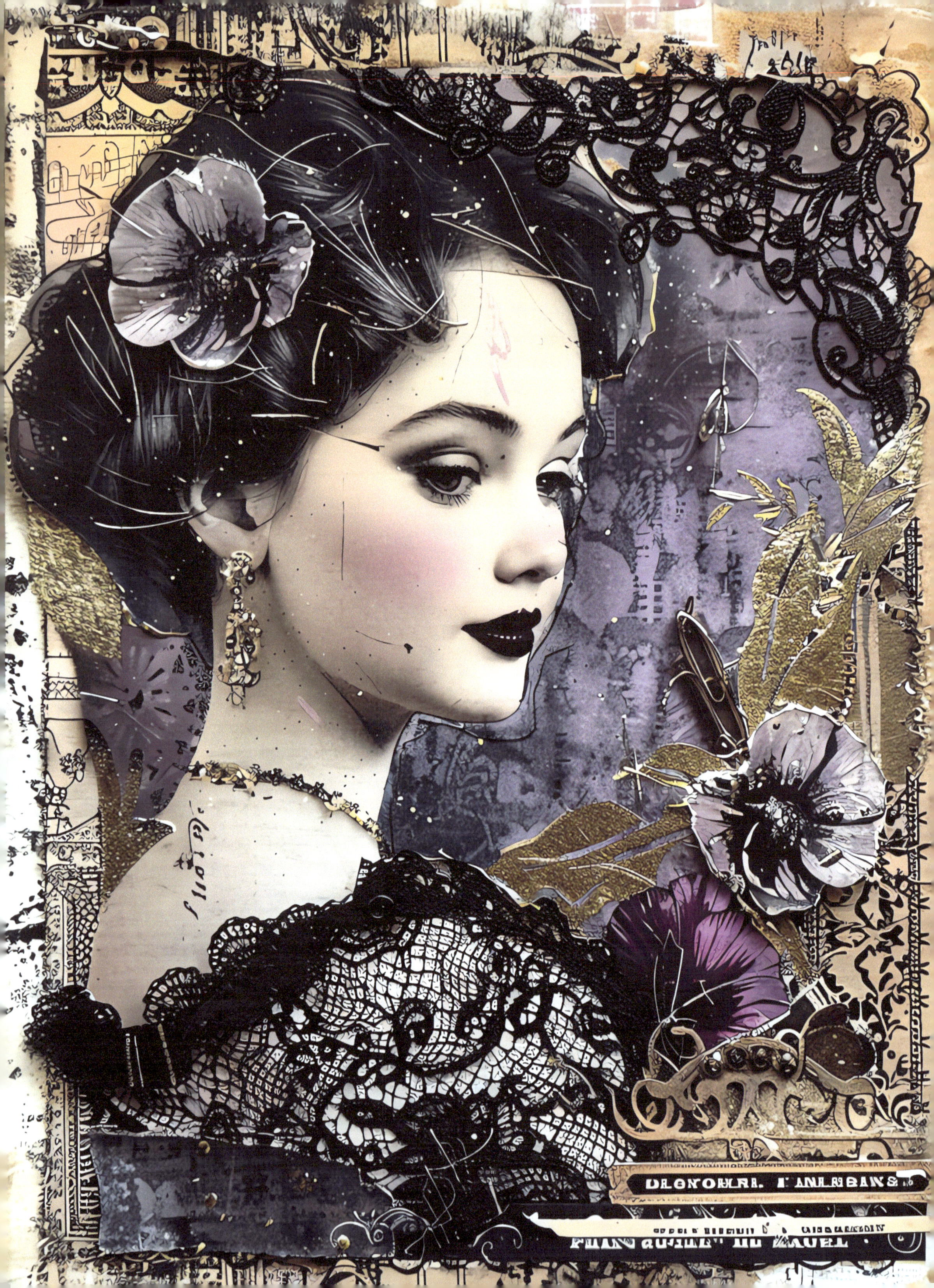

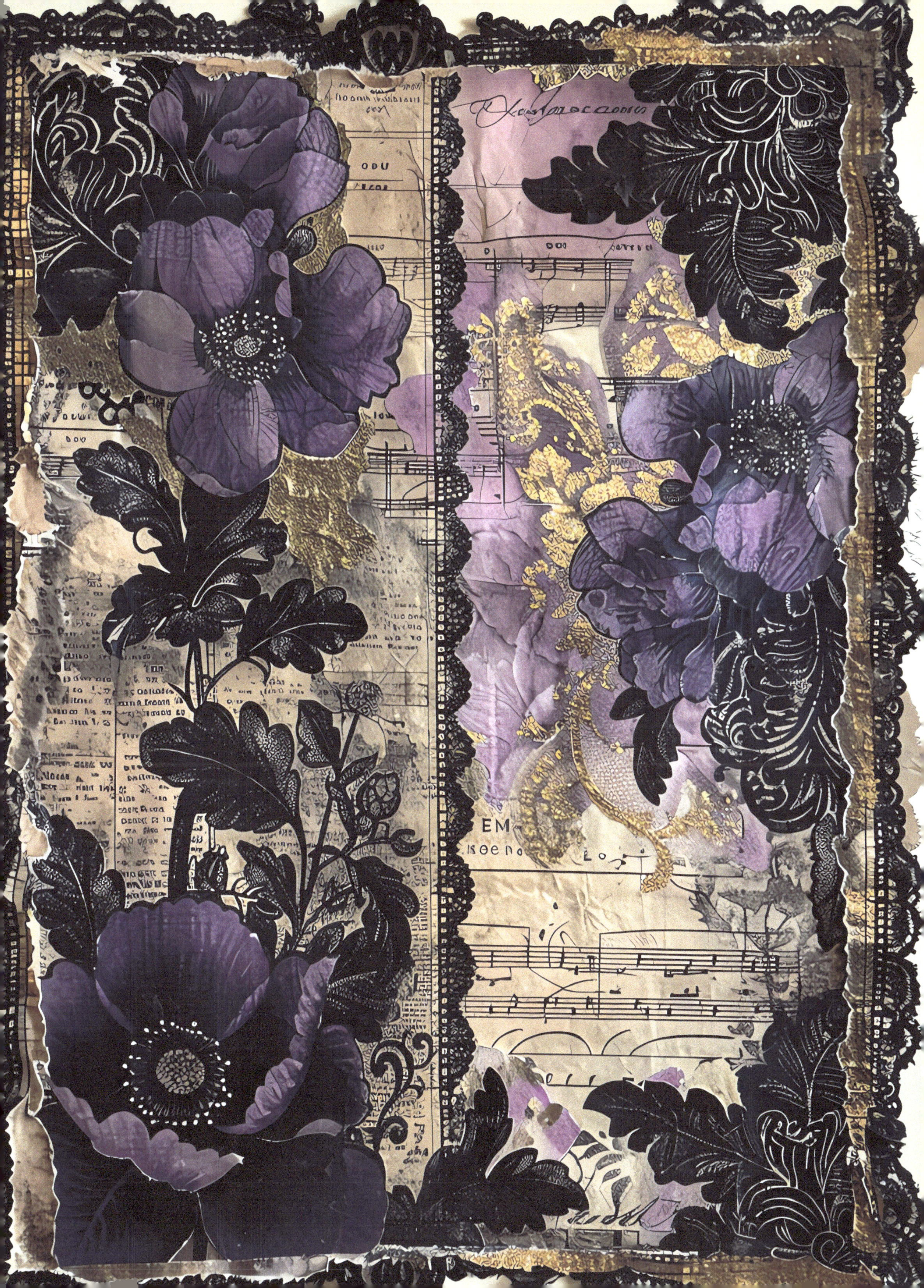
EM

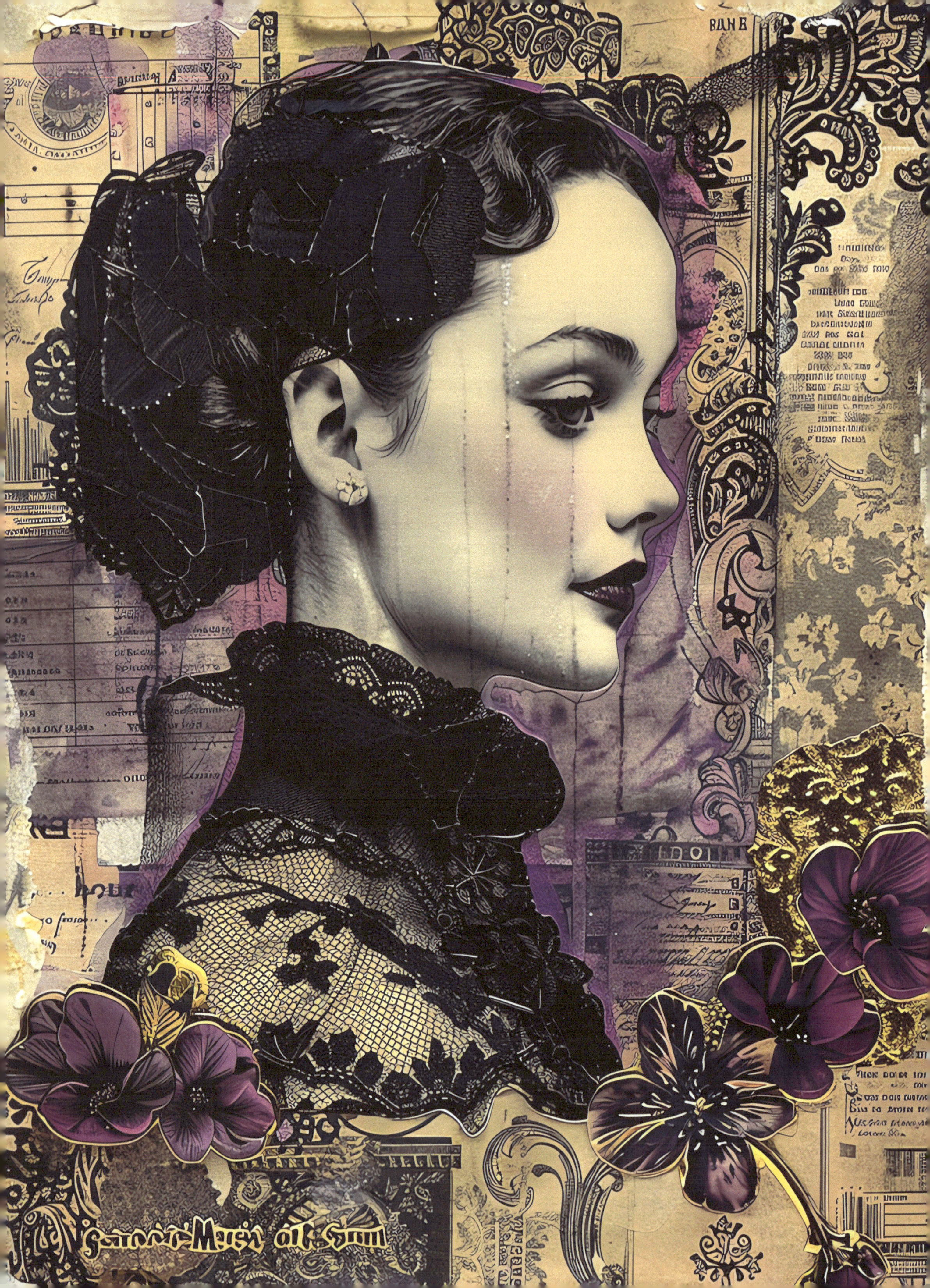

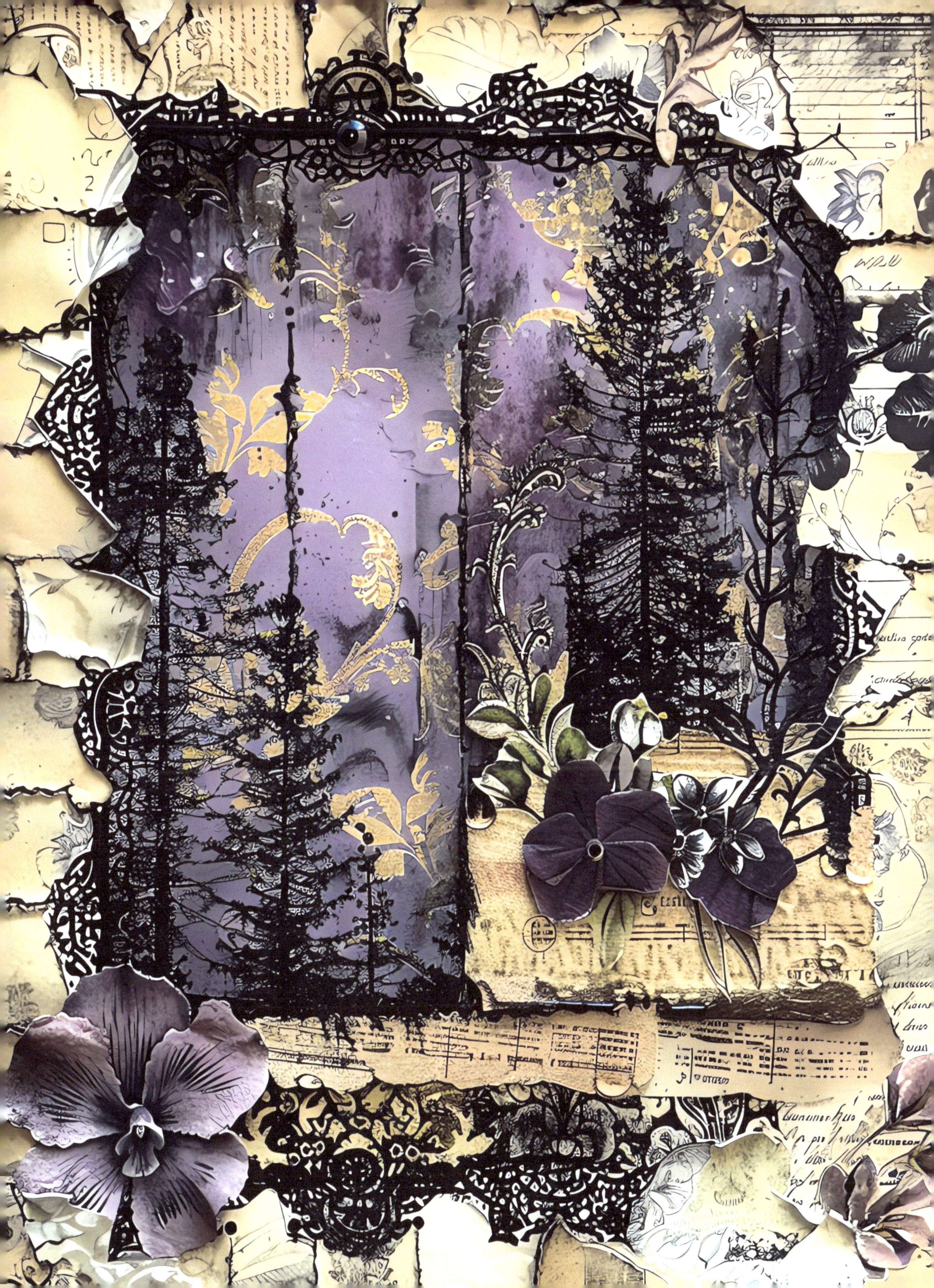

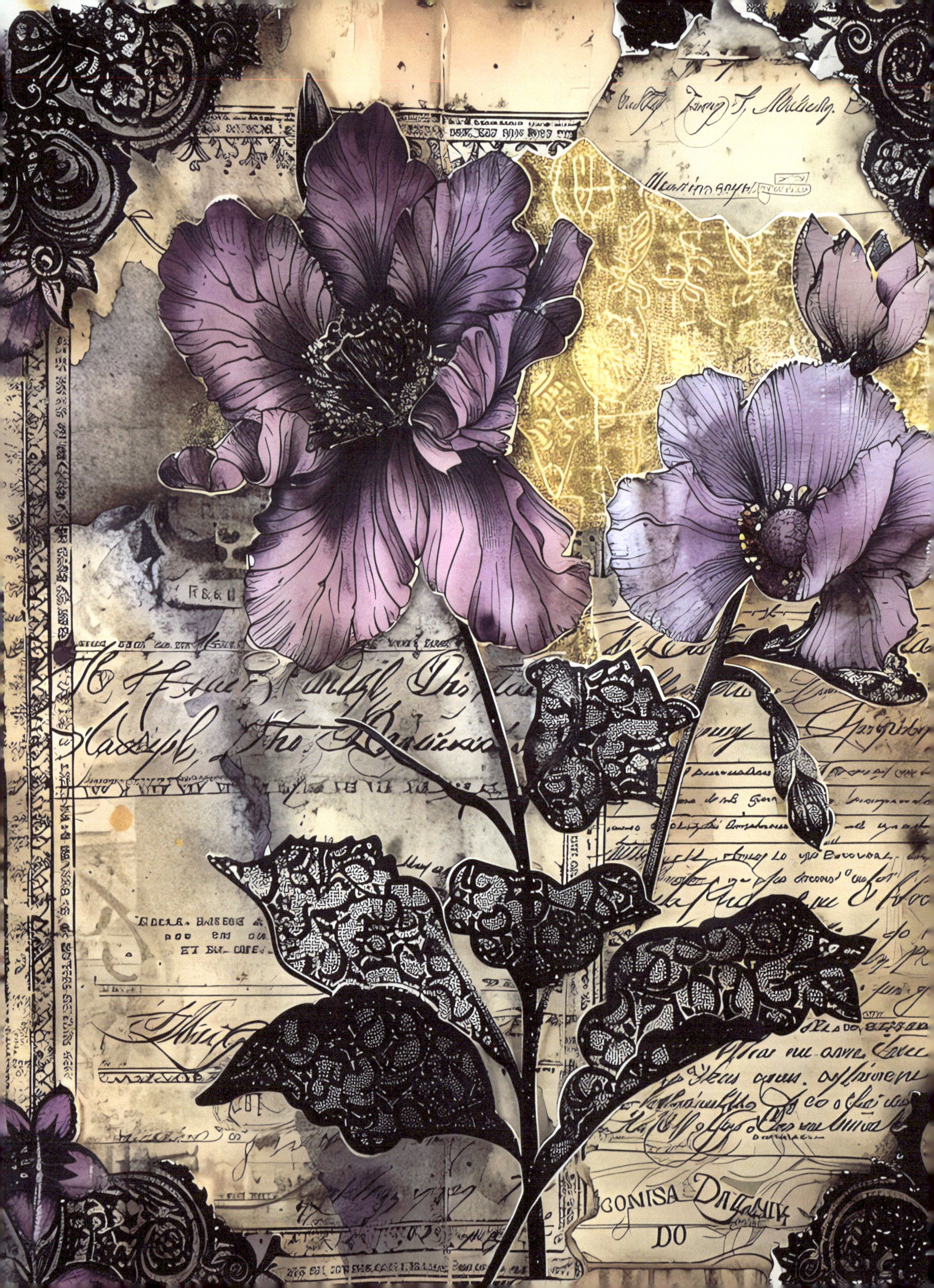

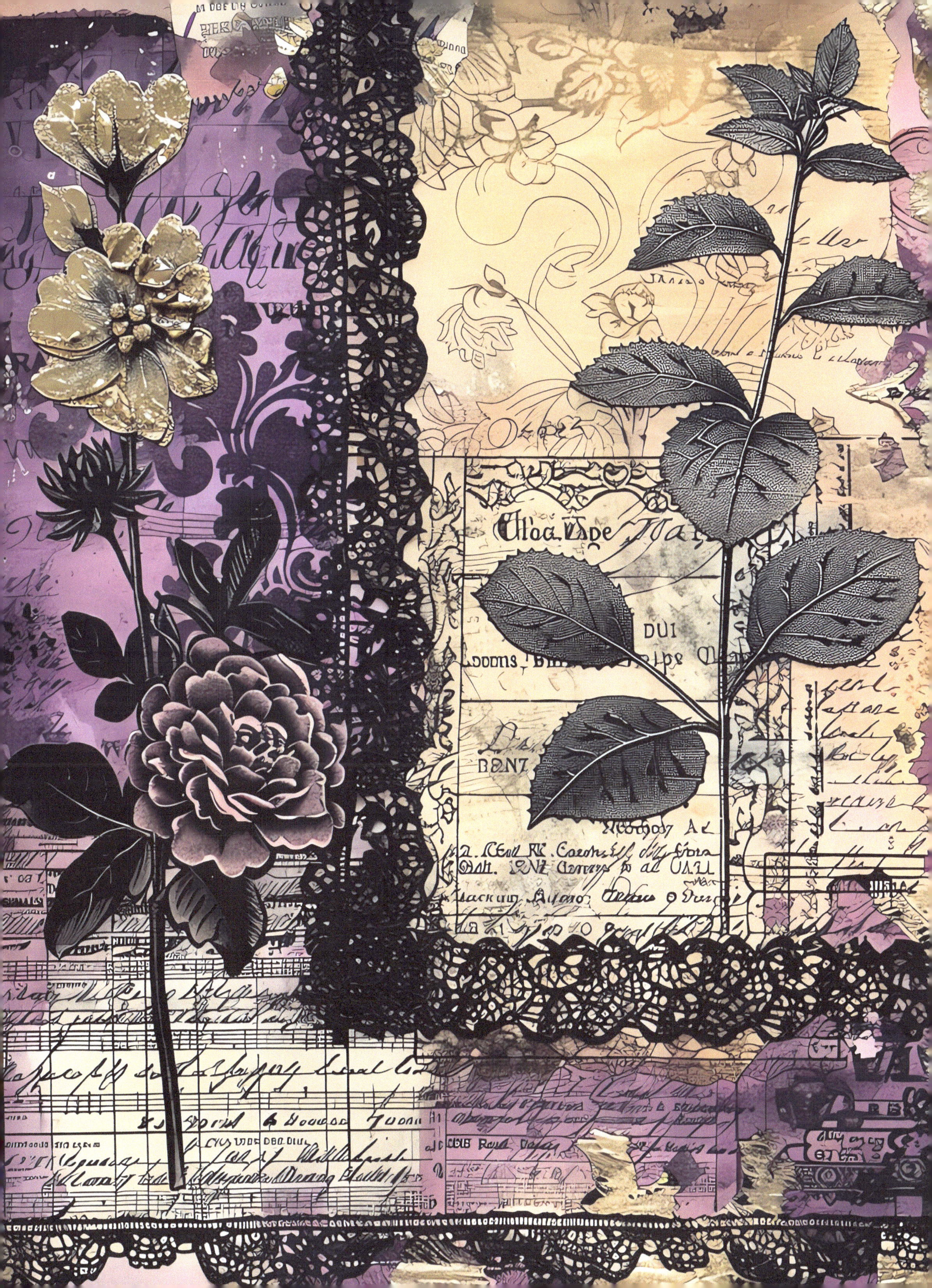

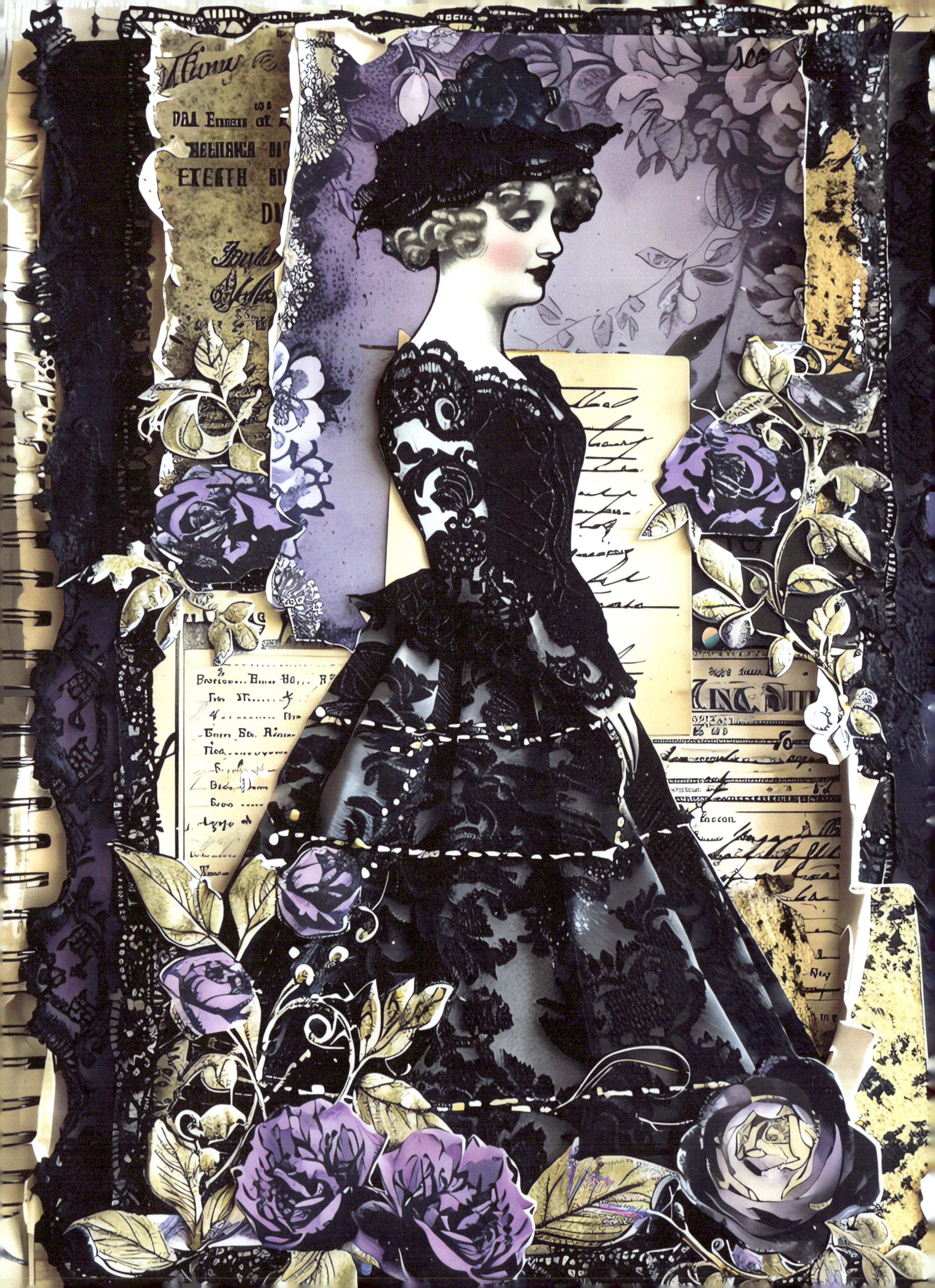

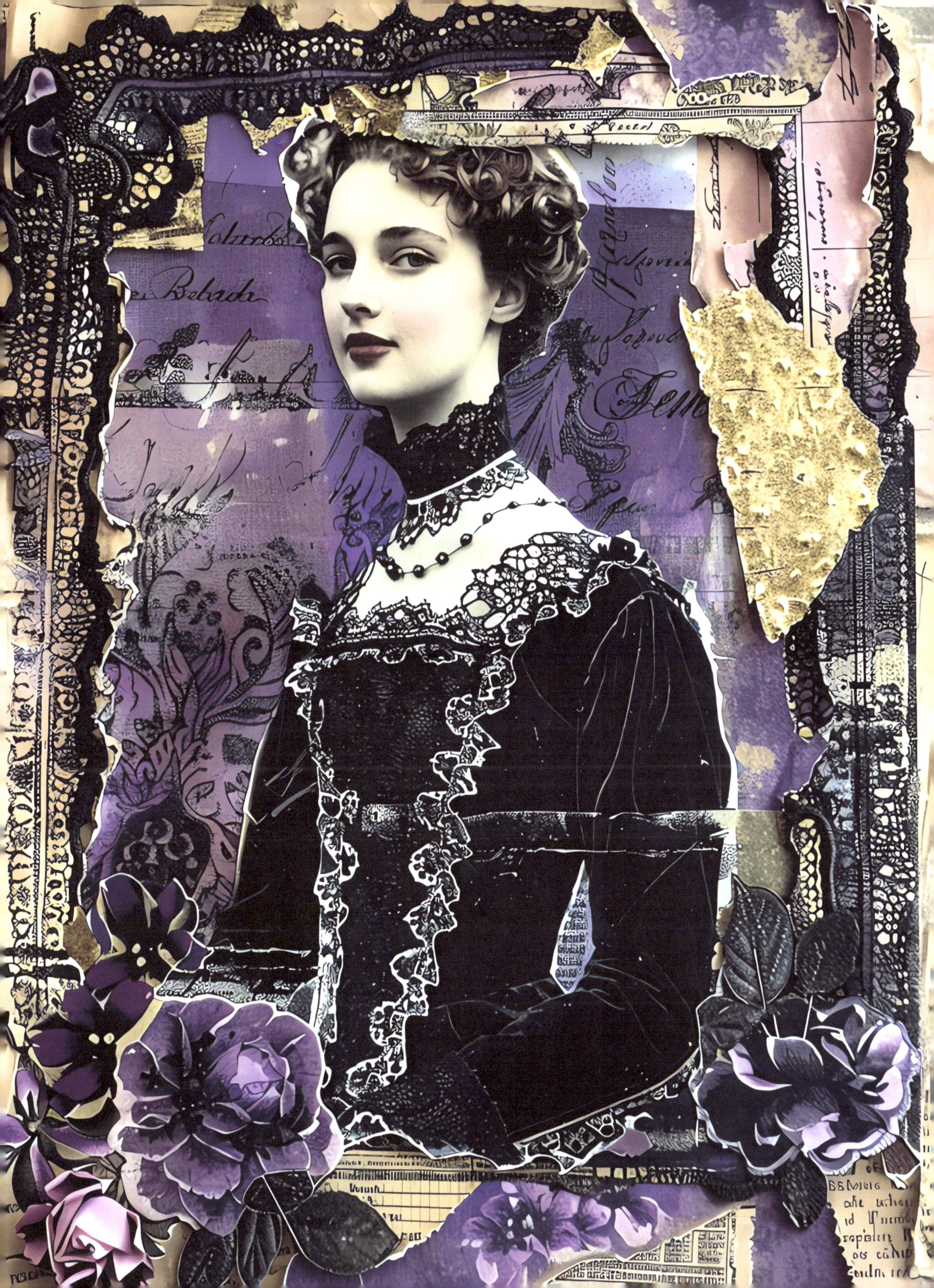

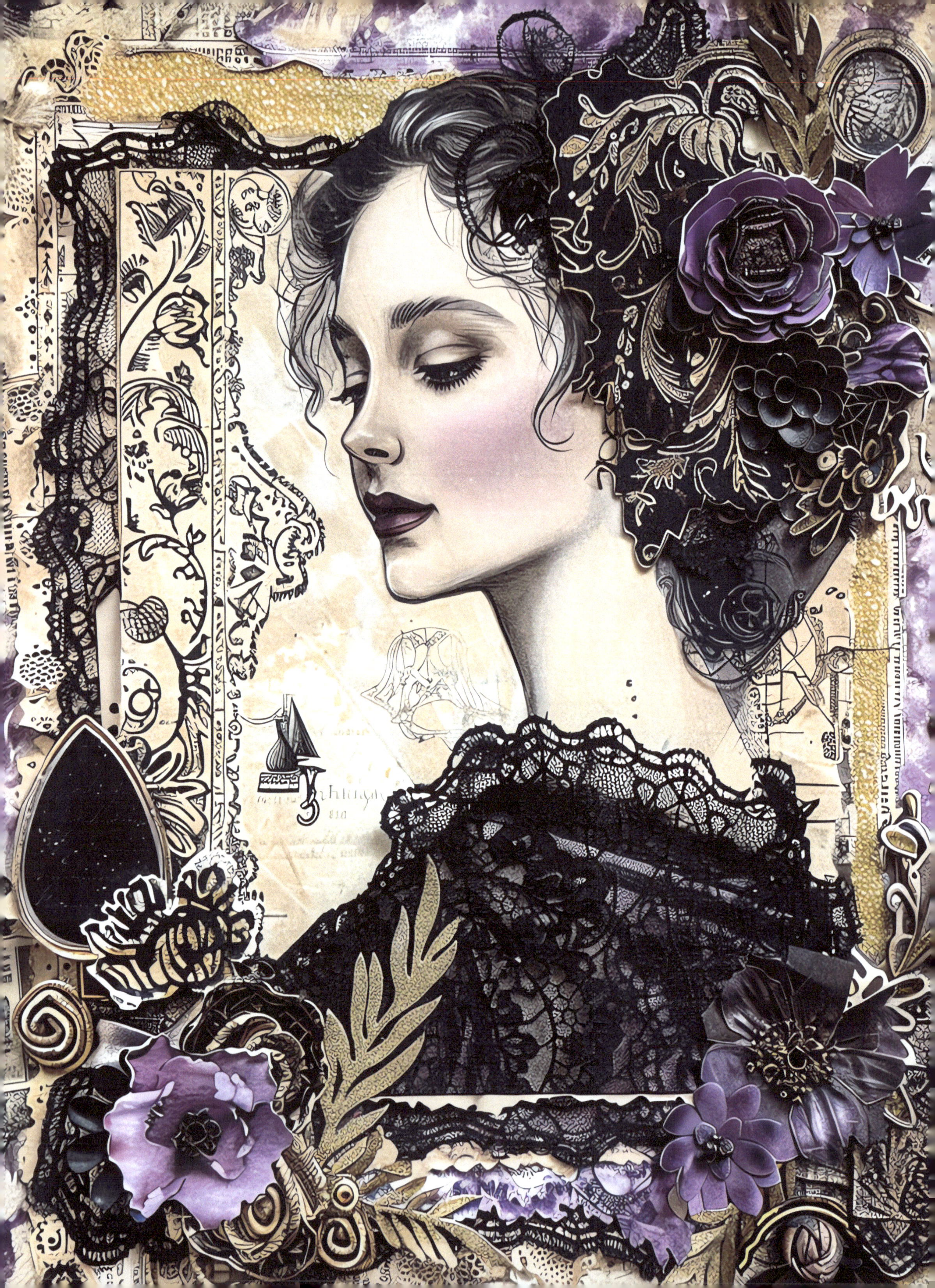

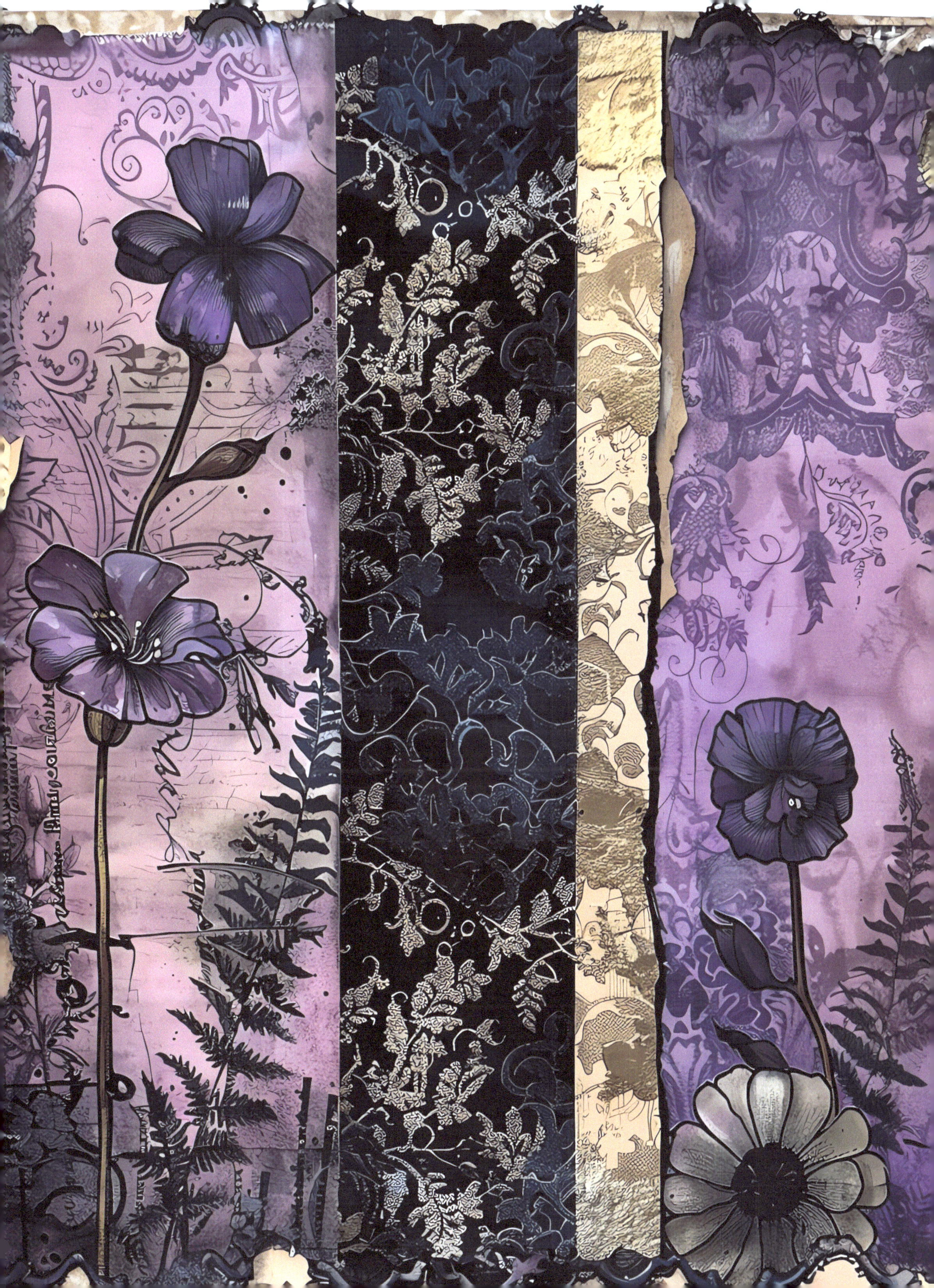

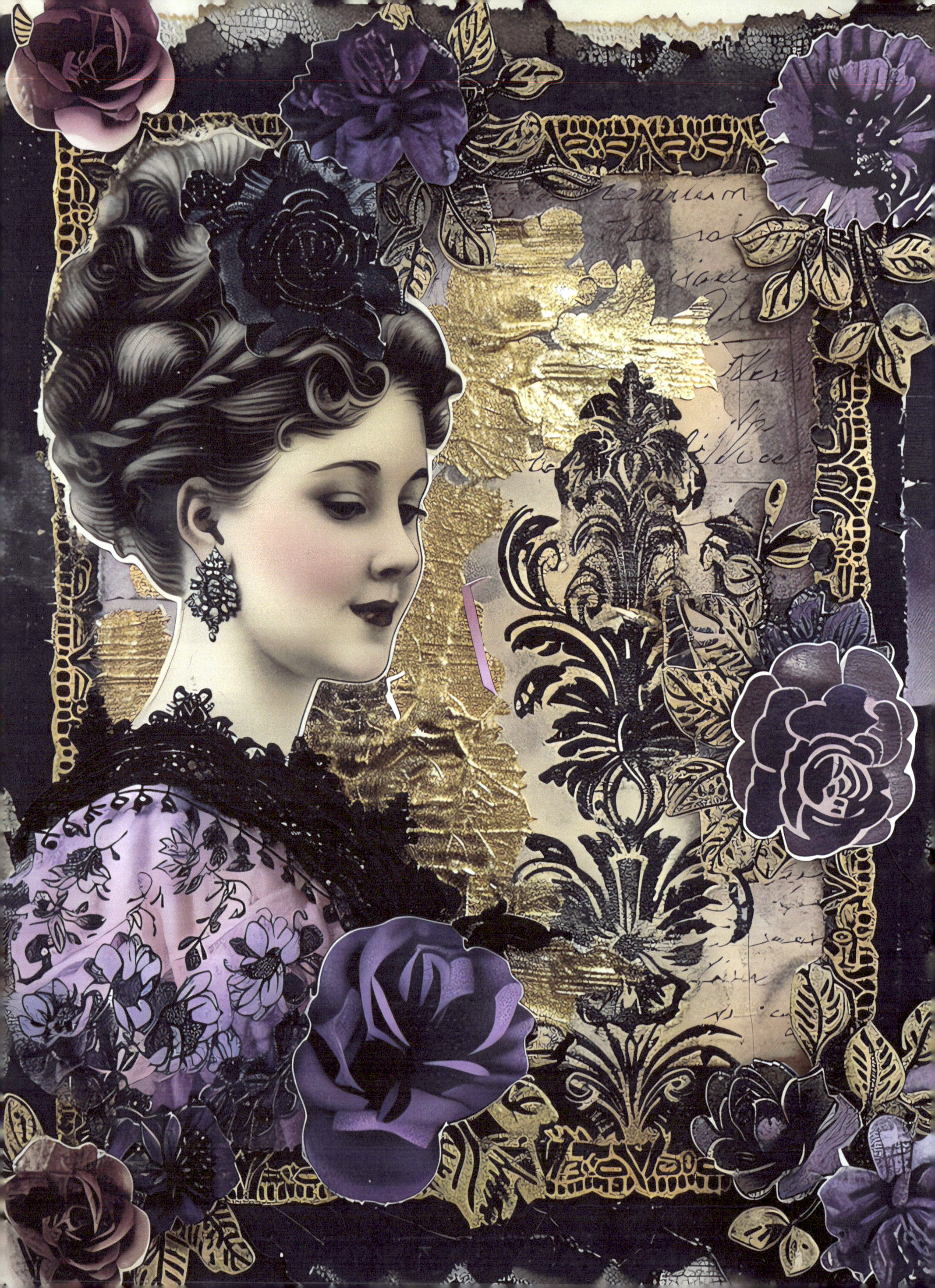

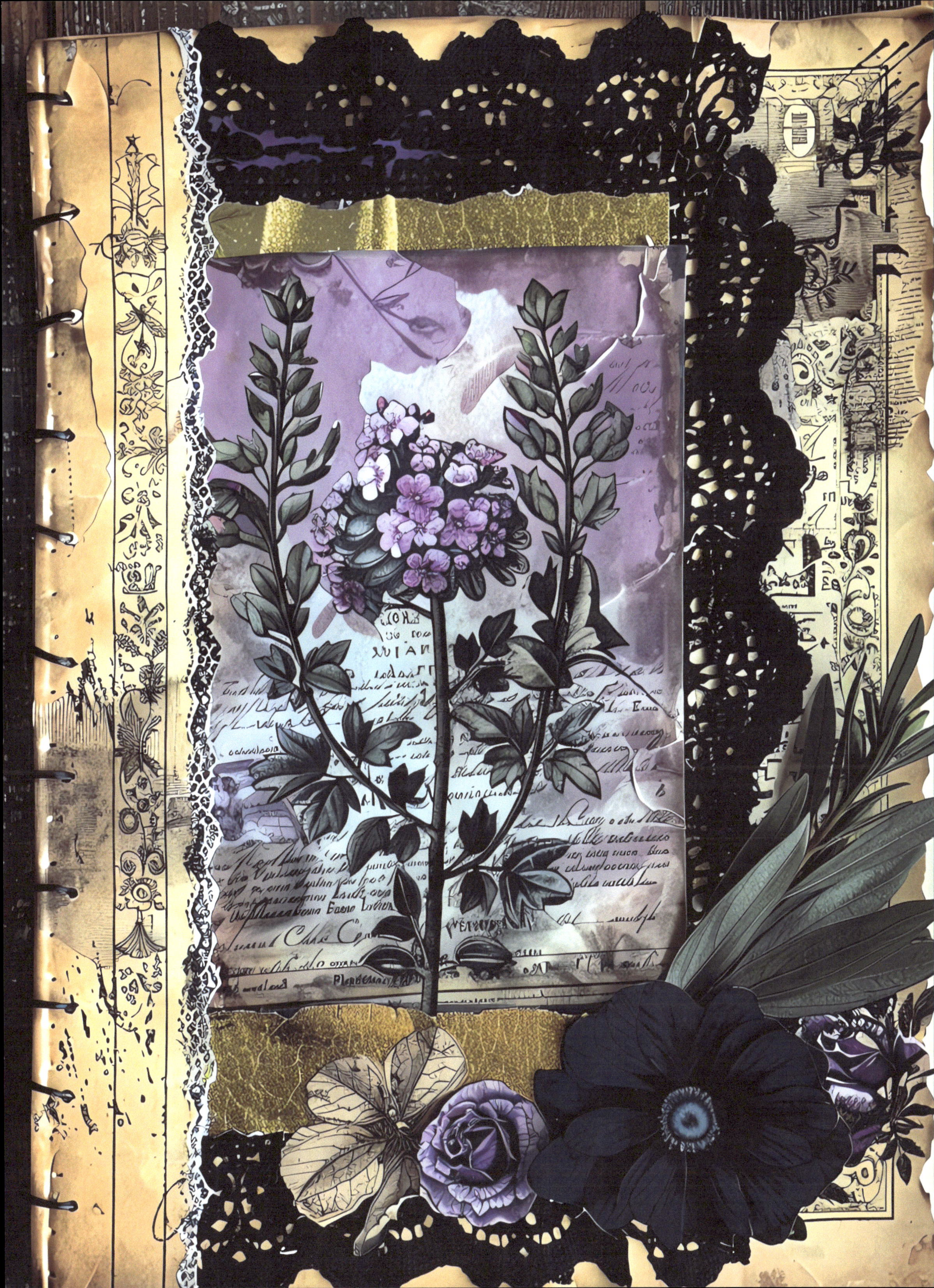

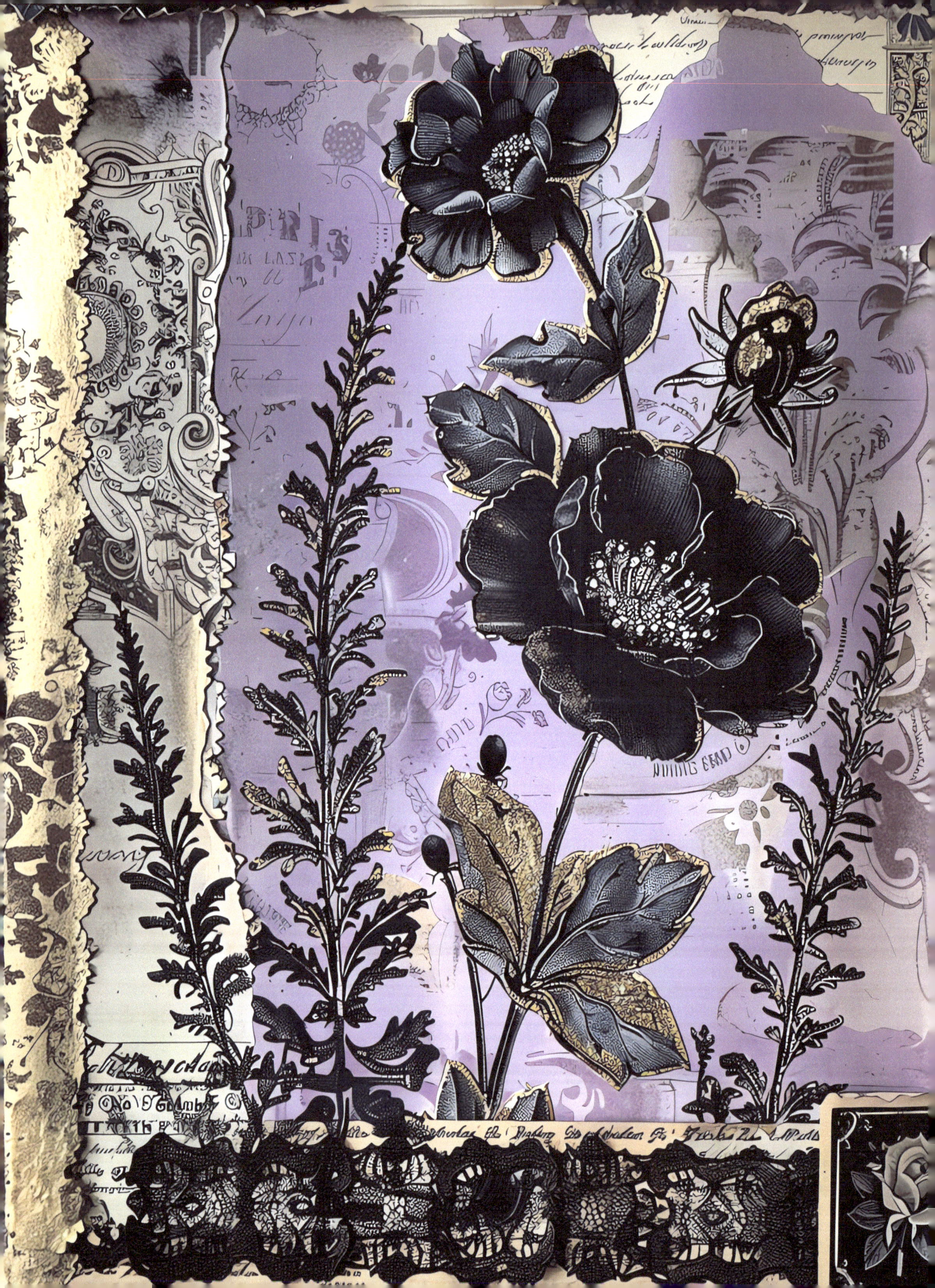

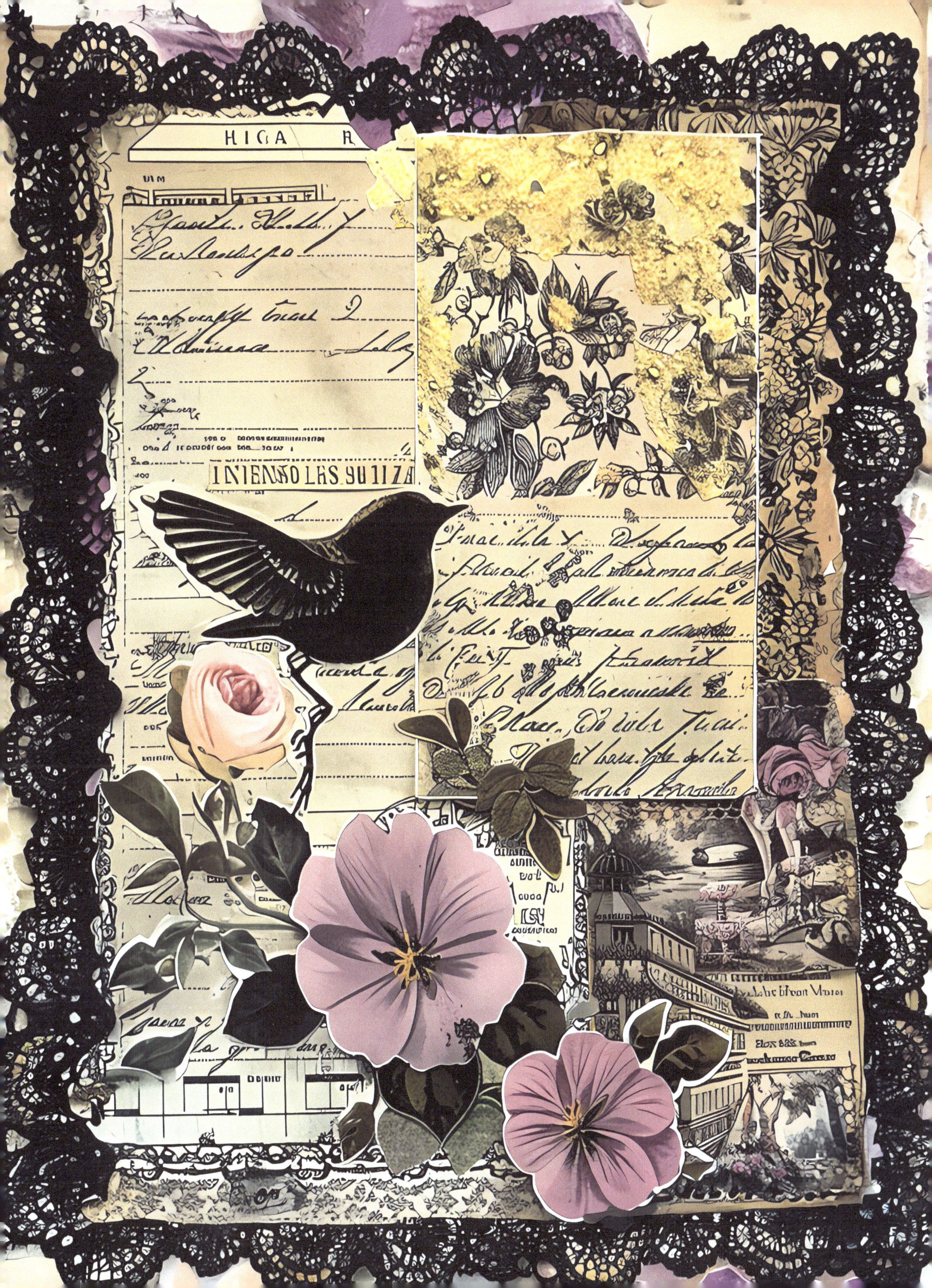
HIGA

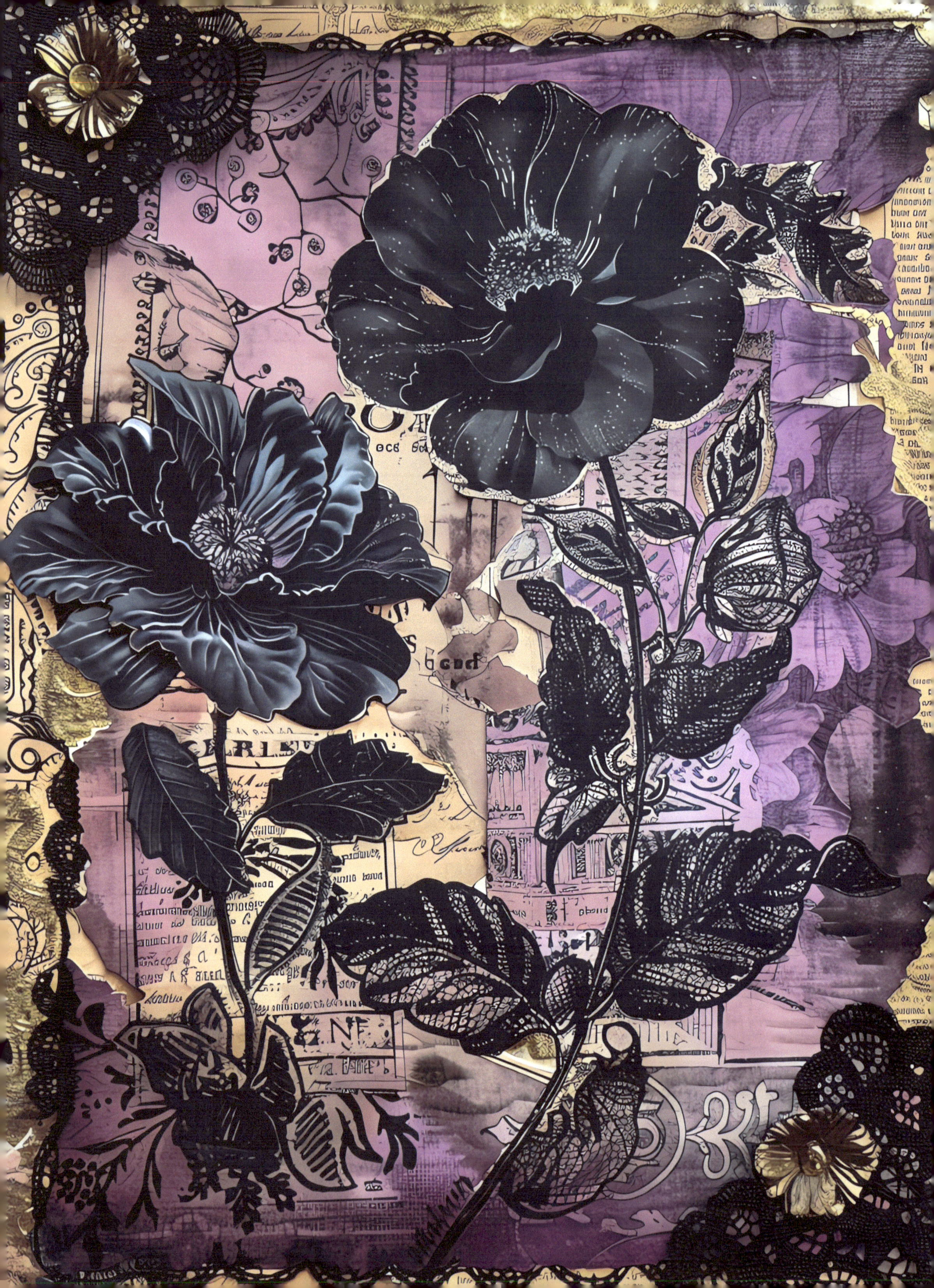

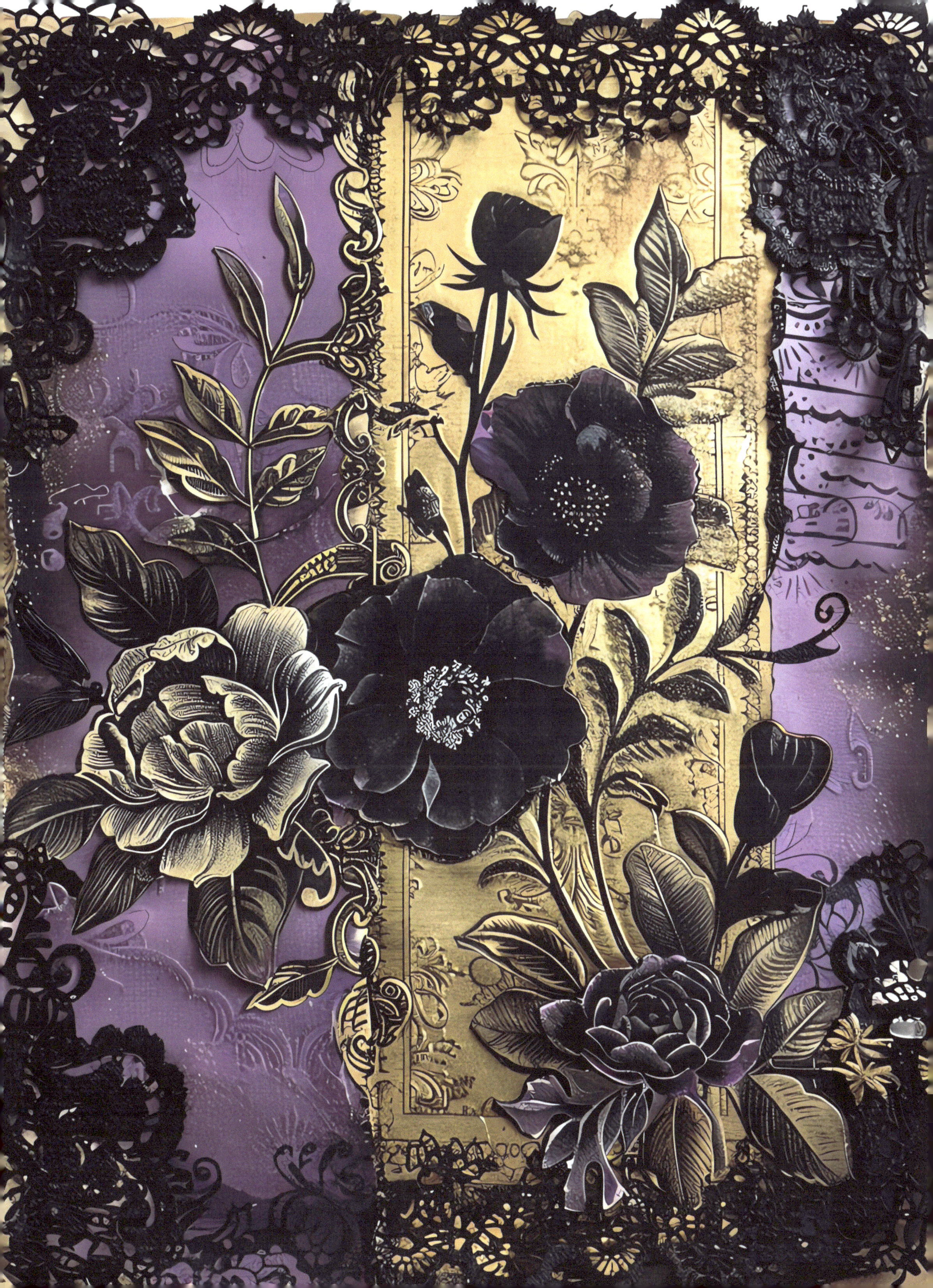

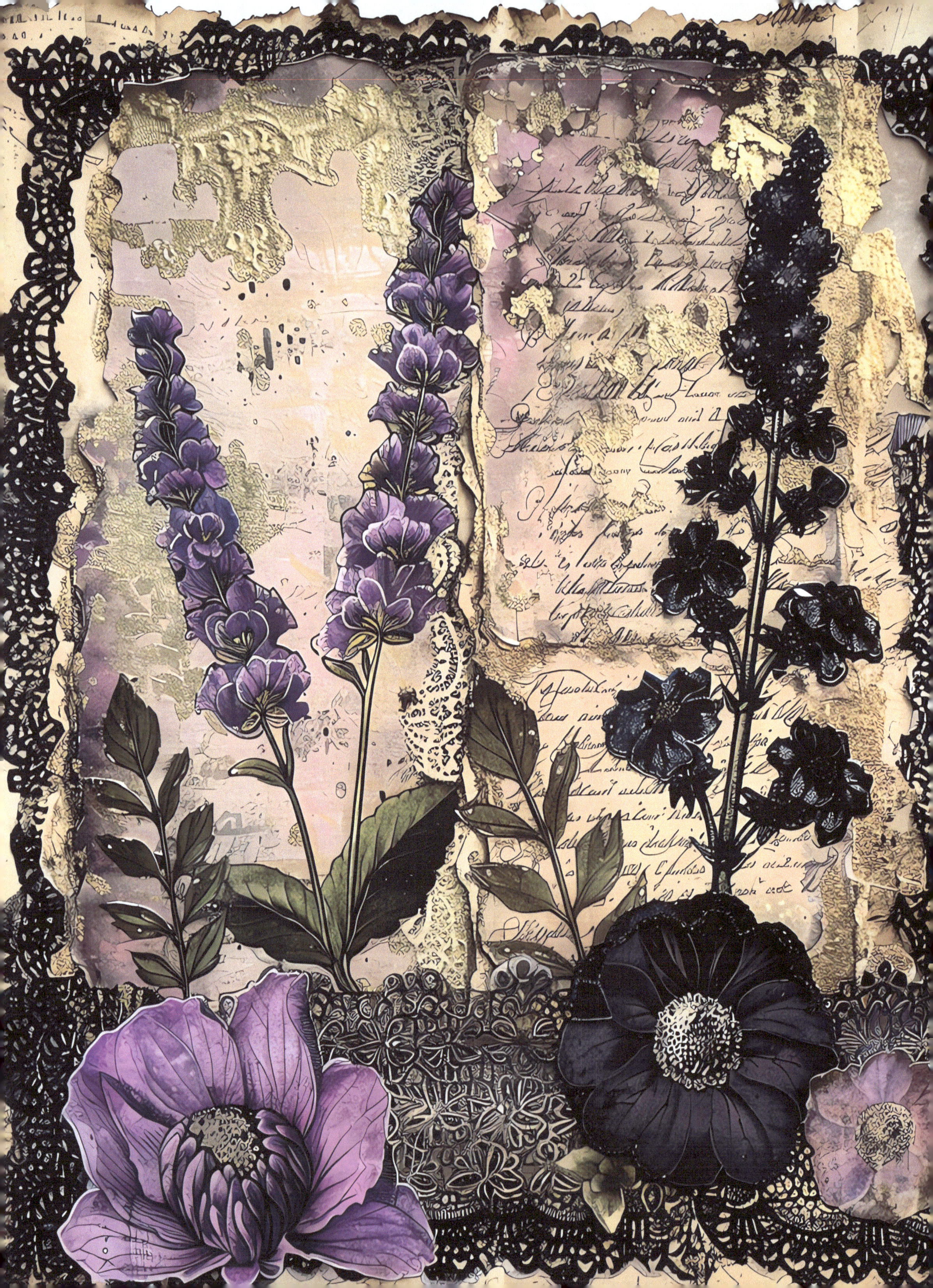

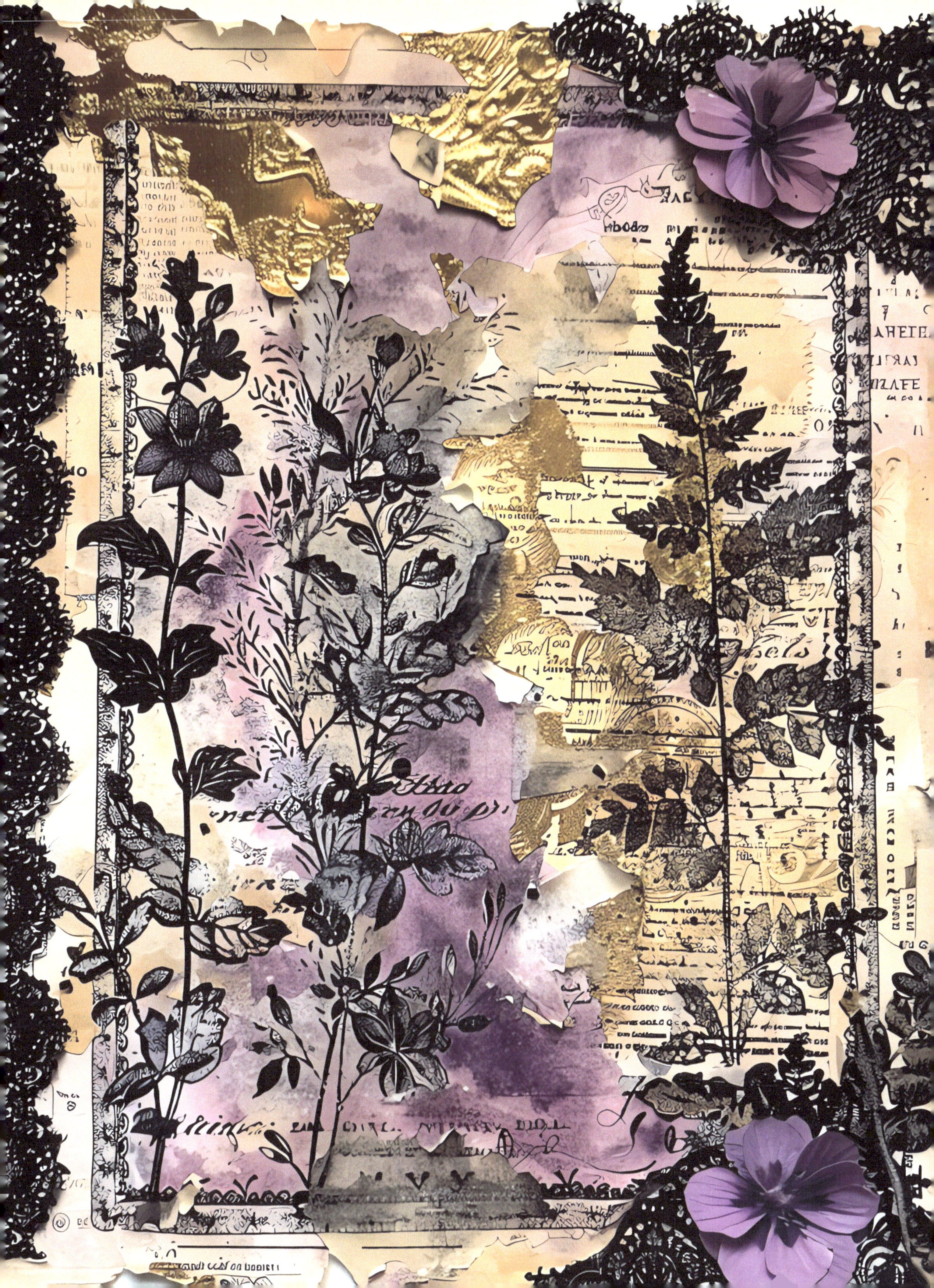

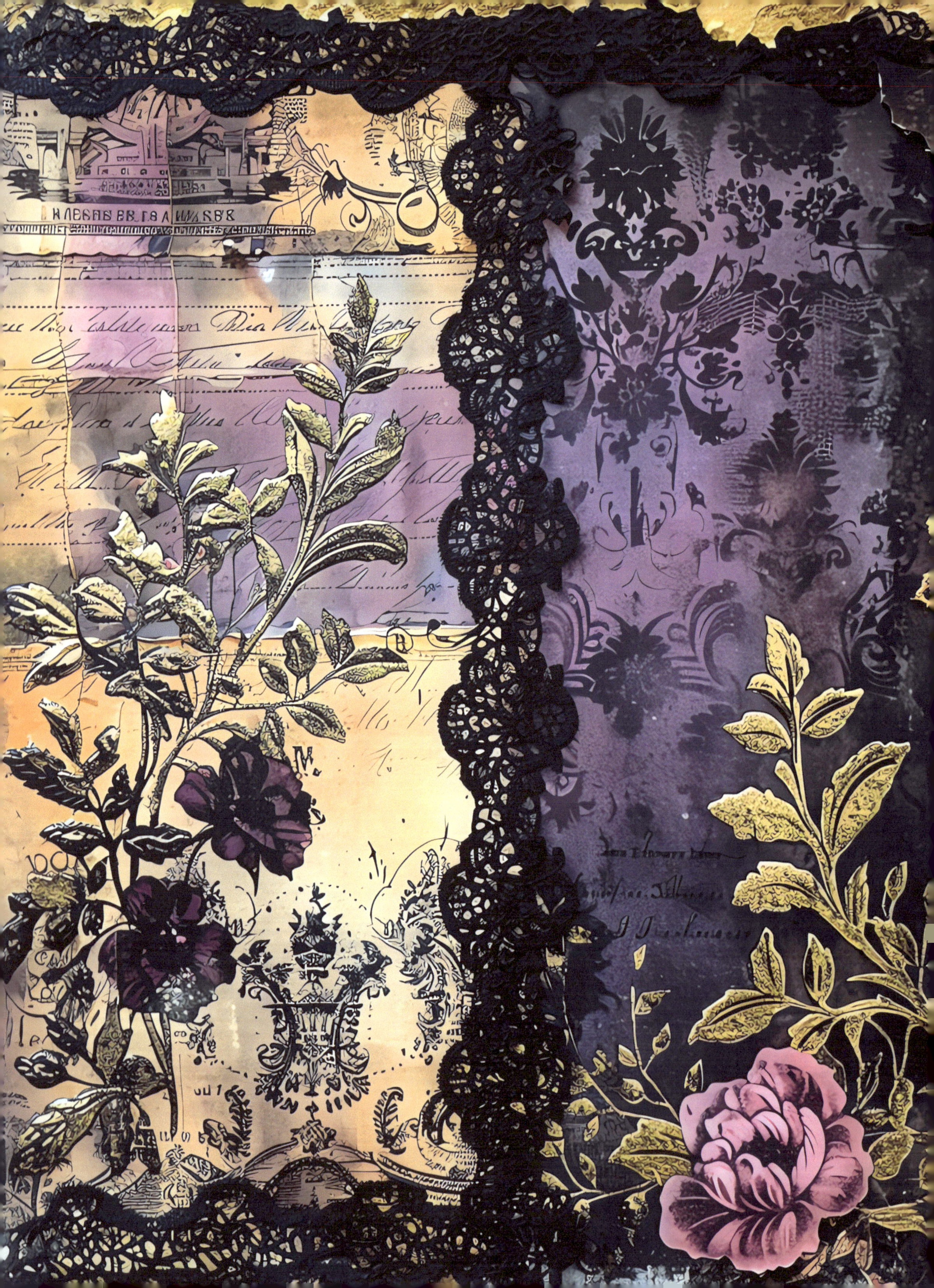

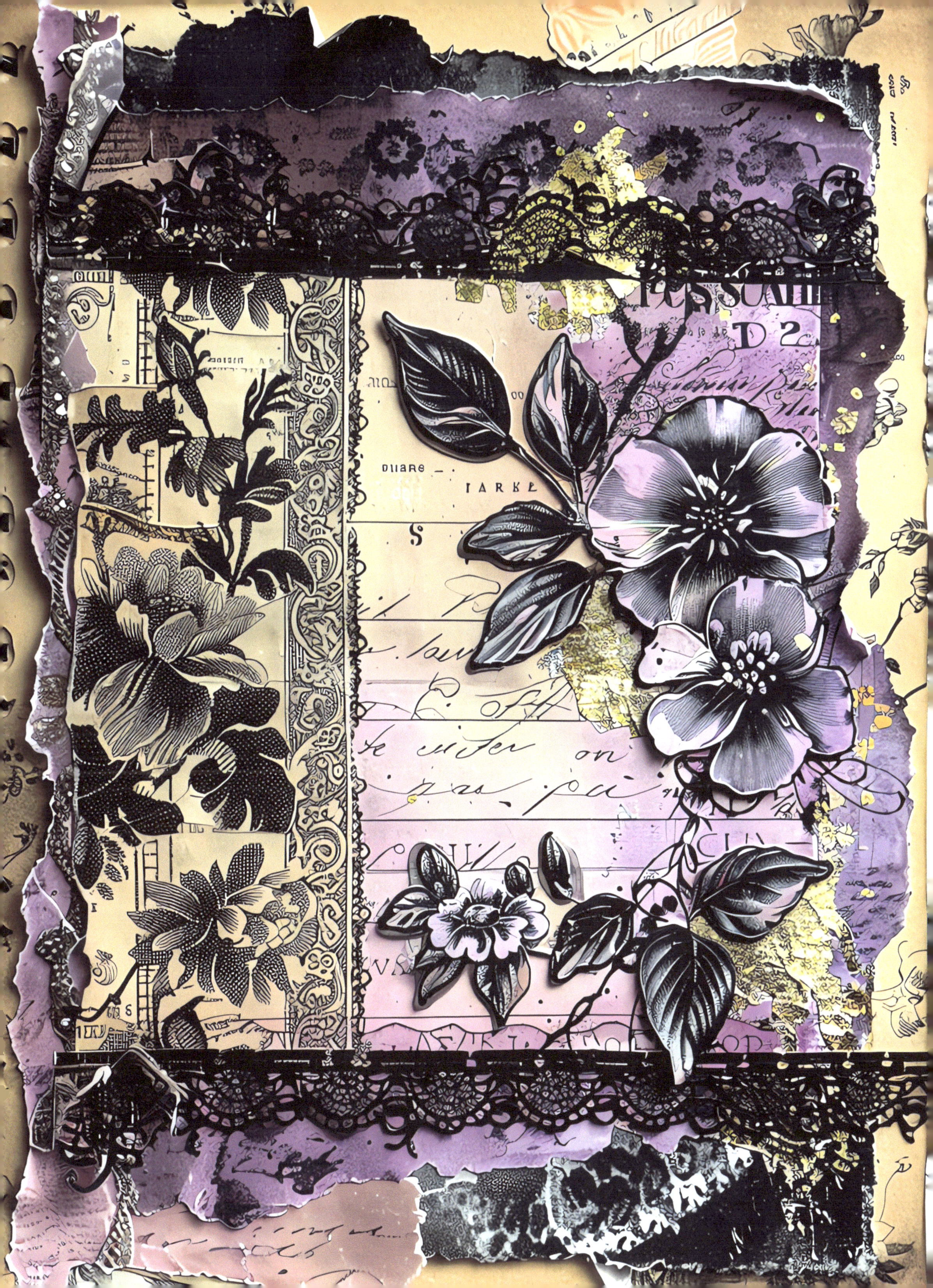

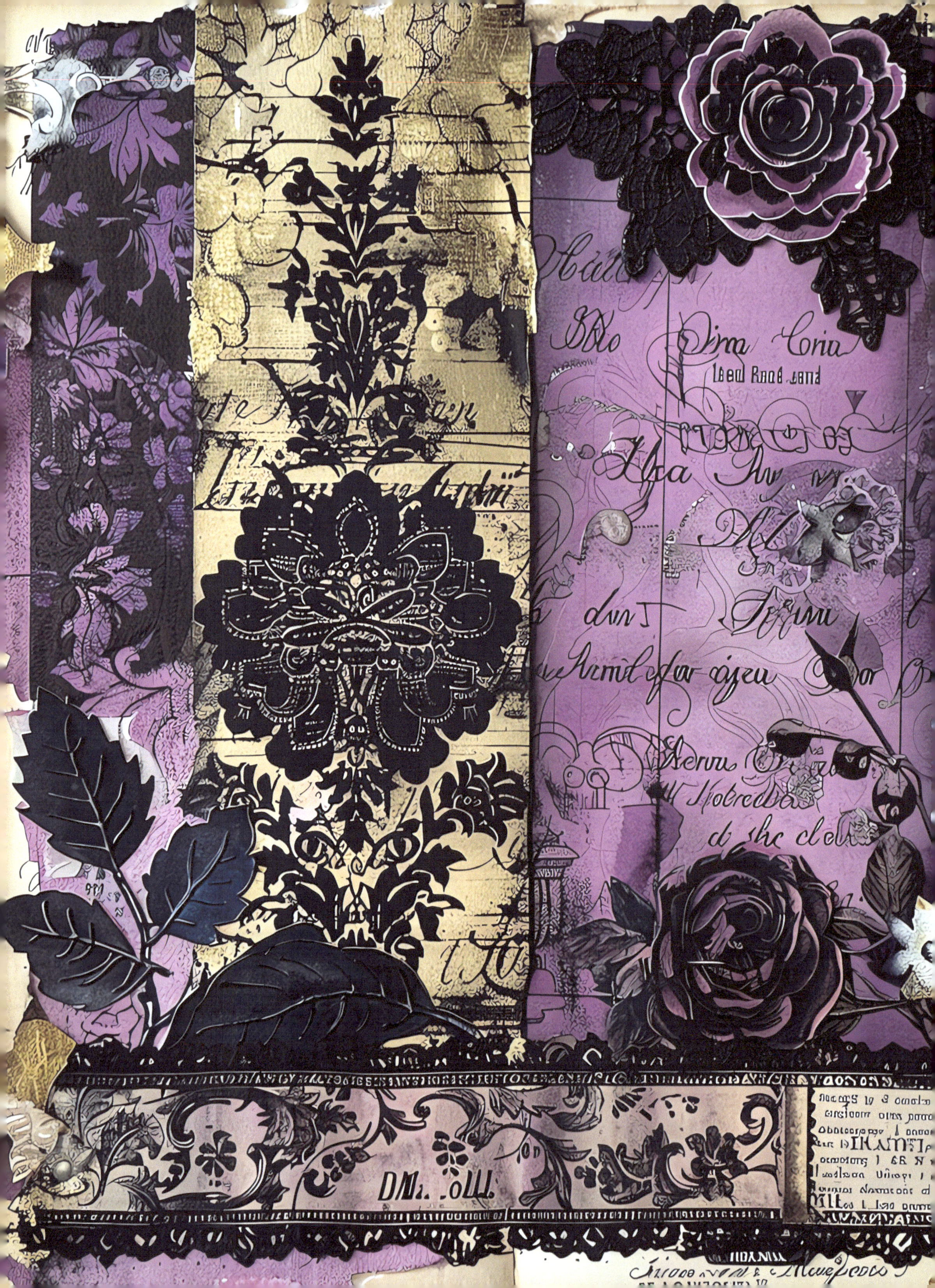

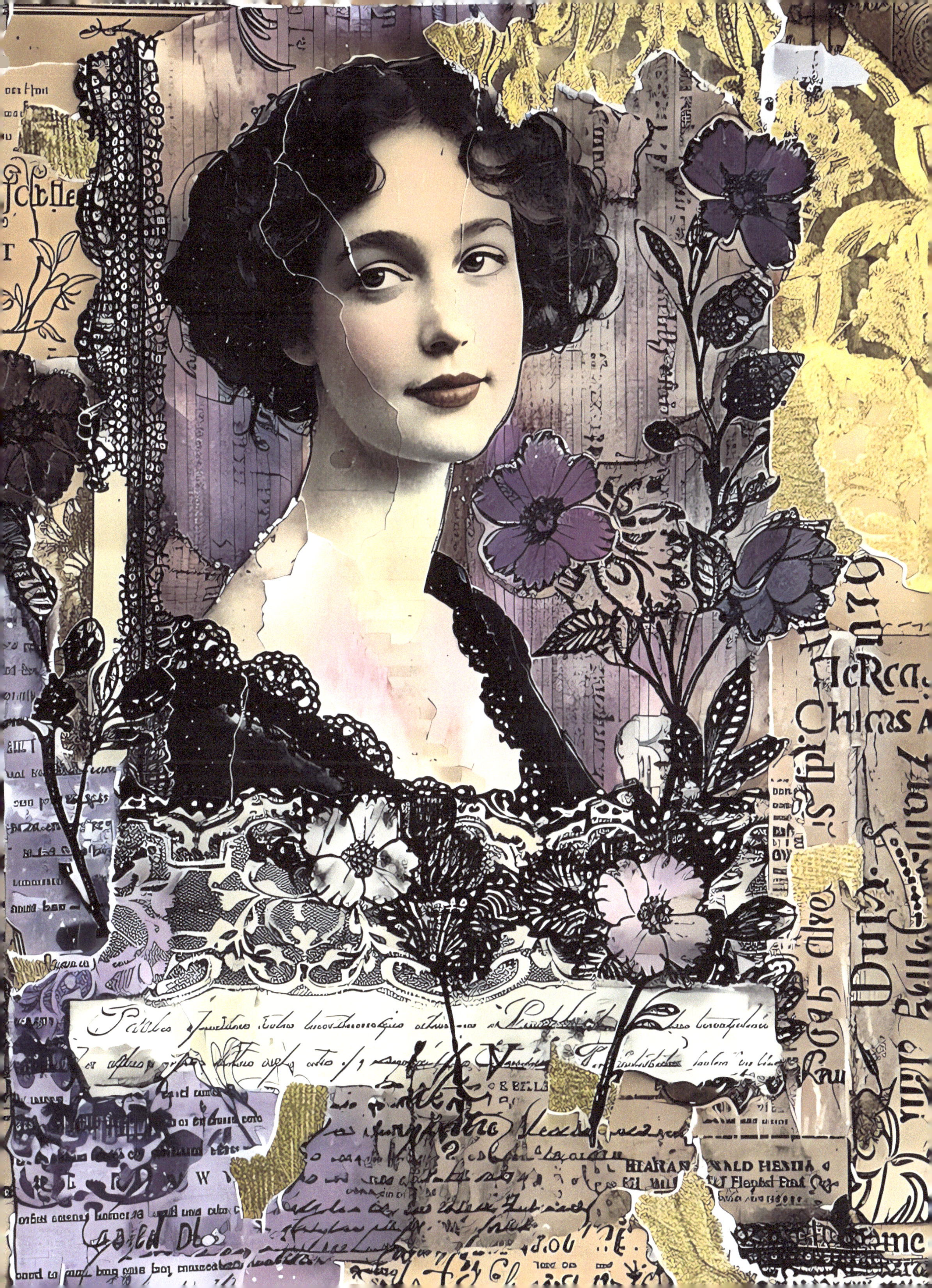

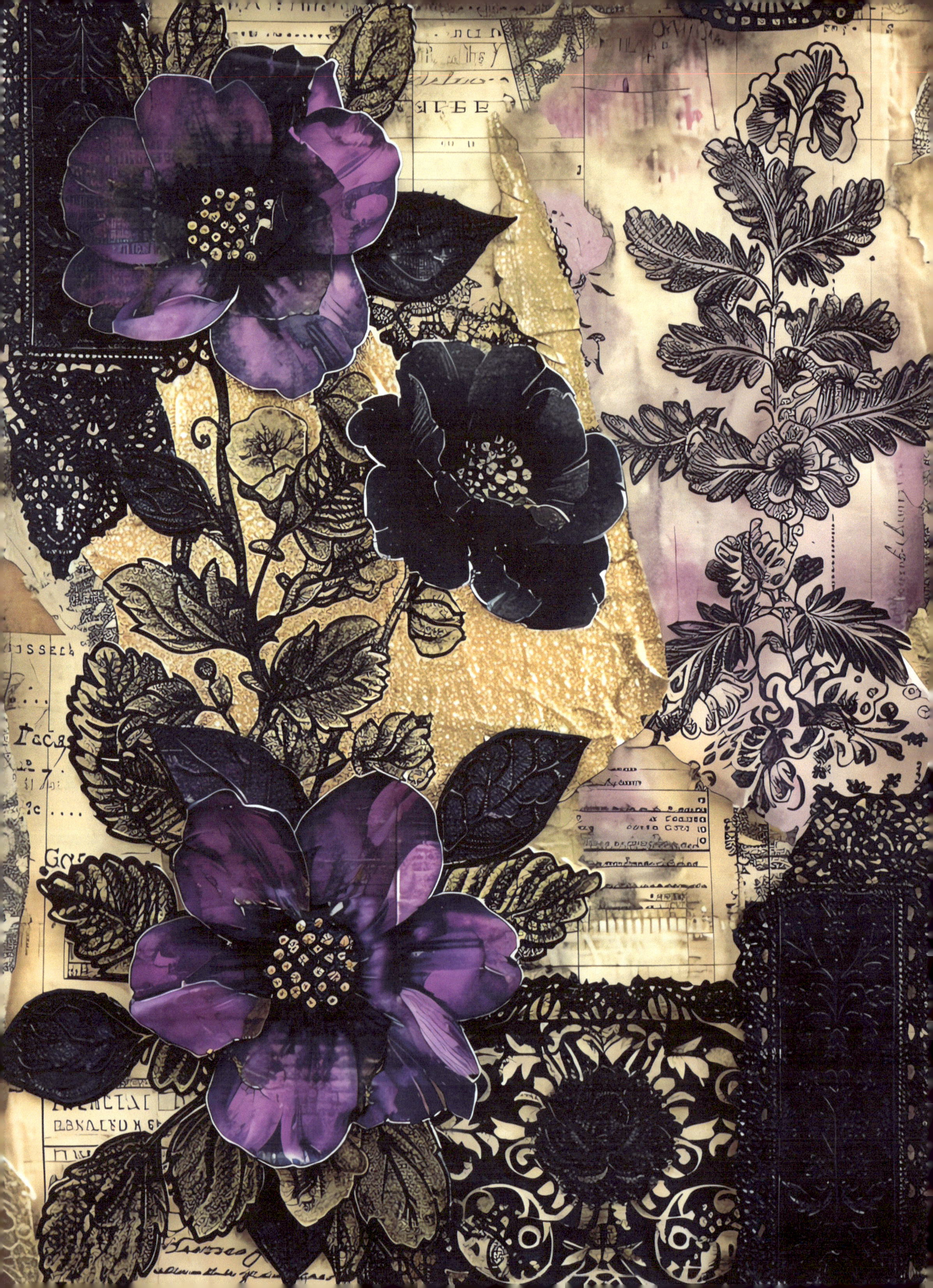

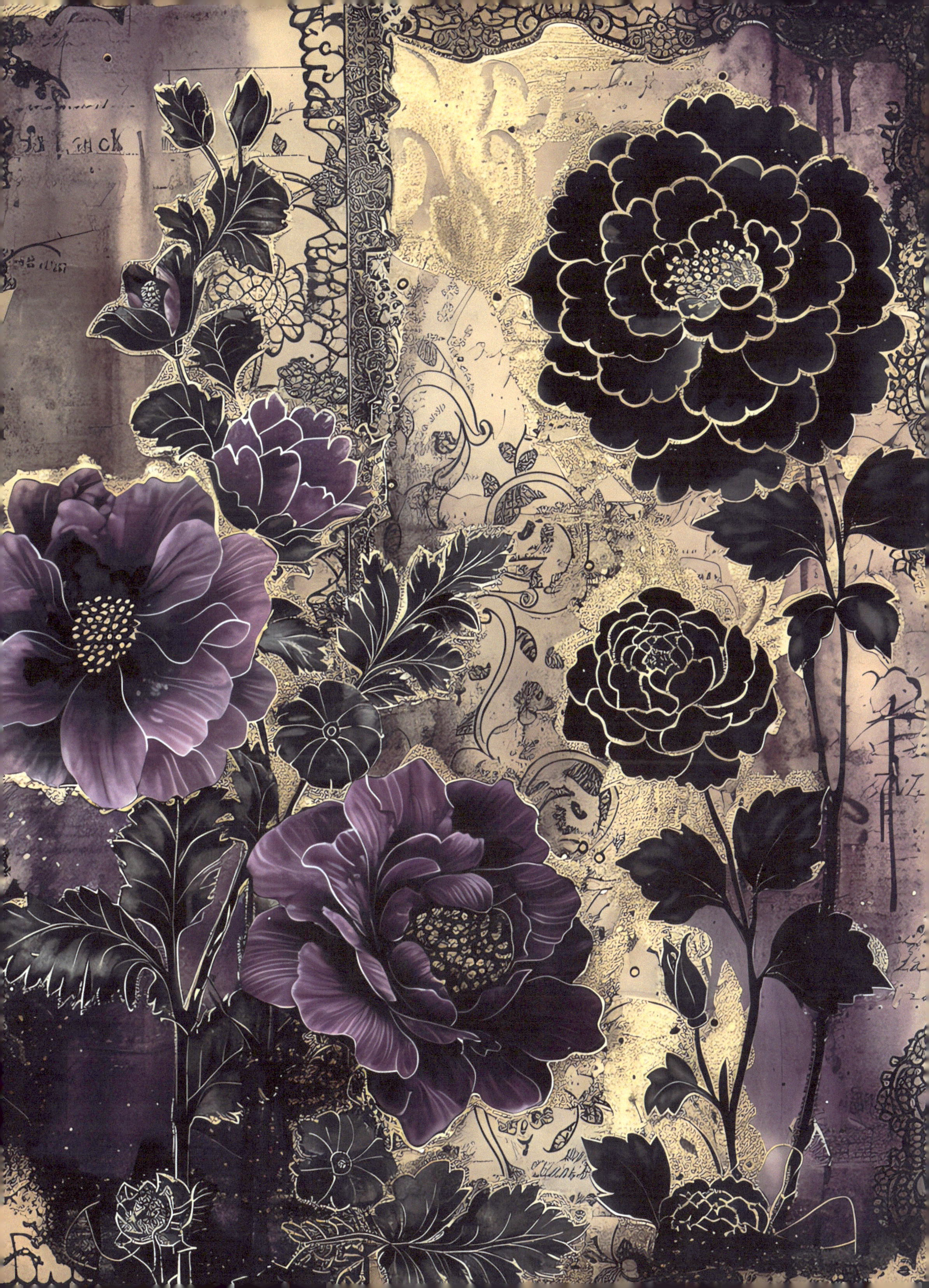

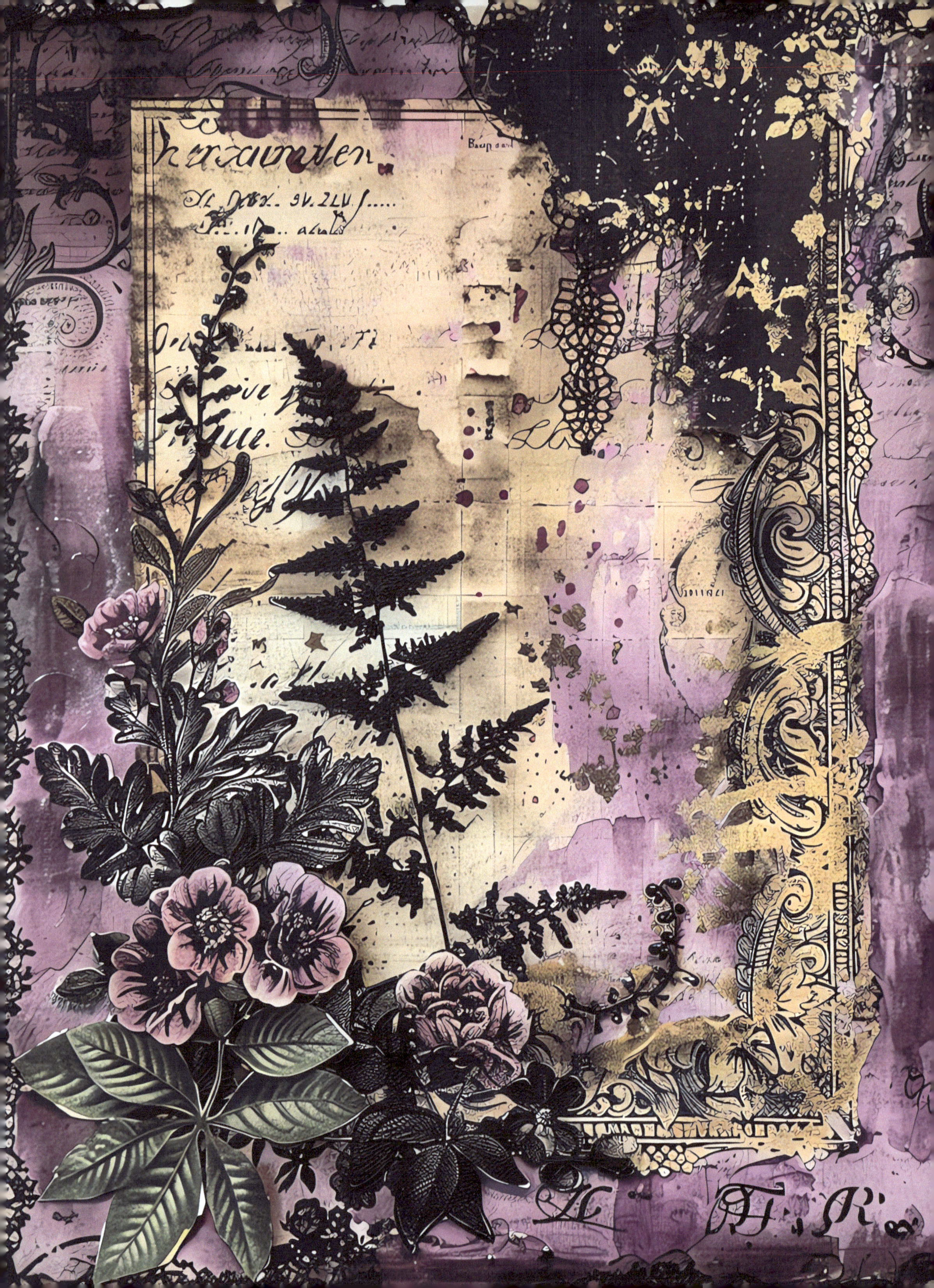

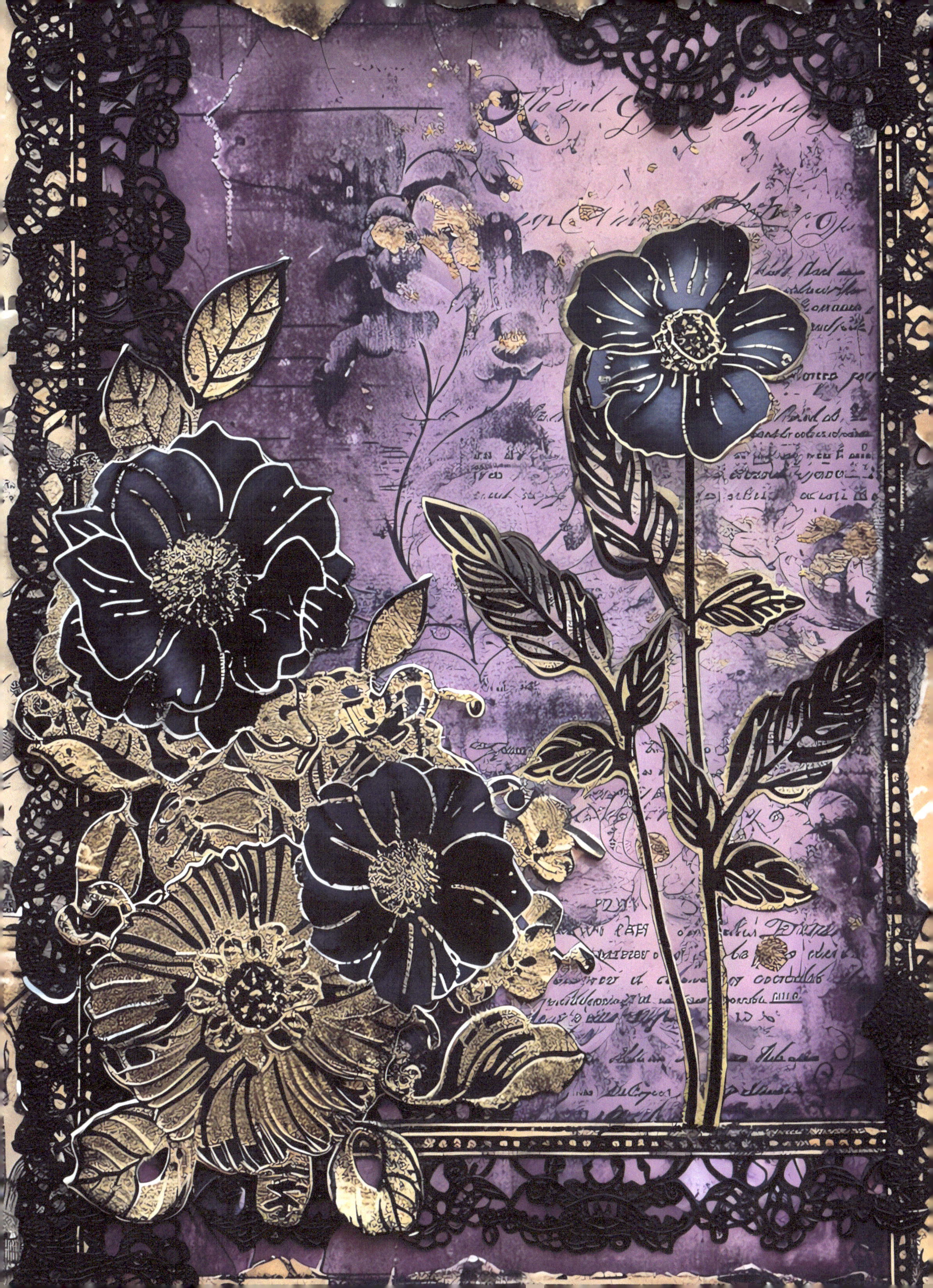

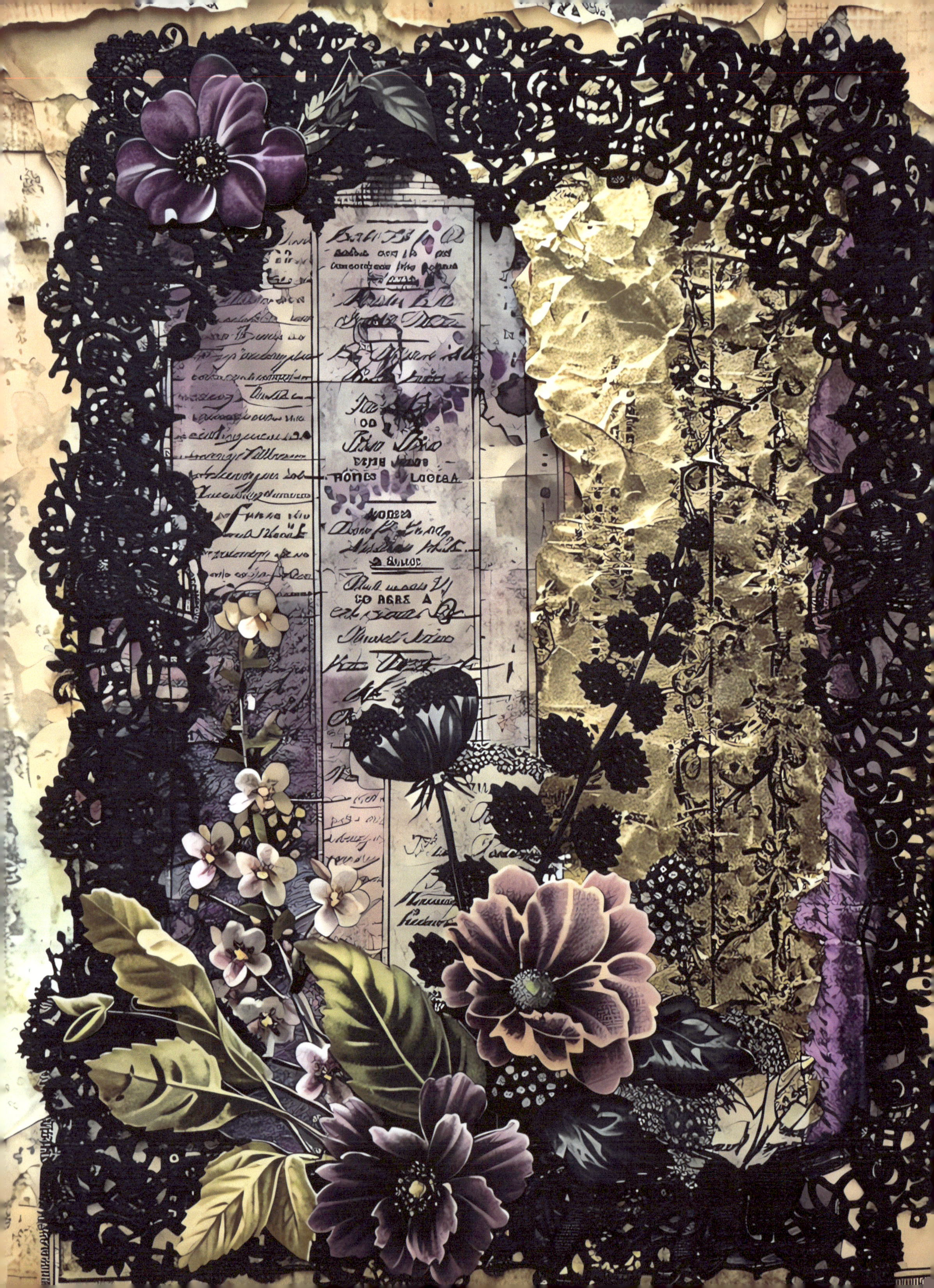

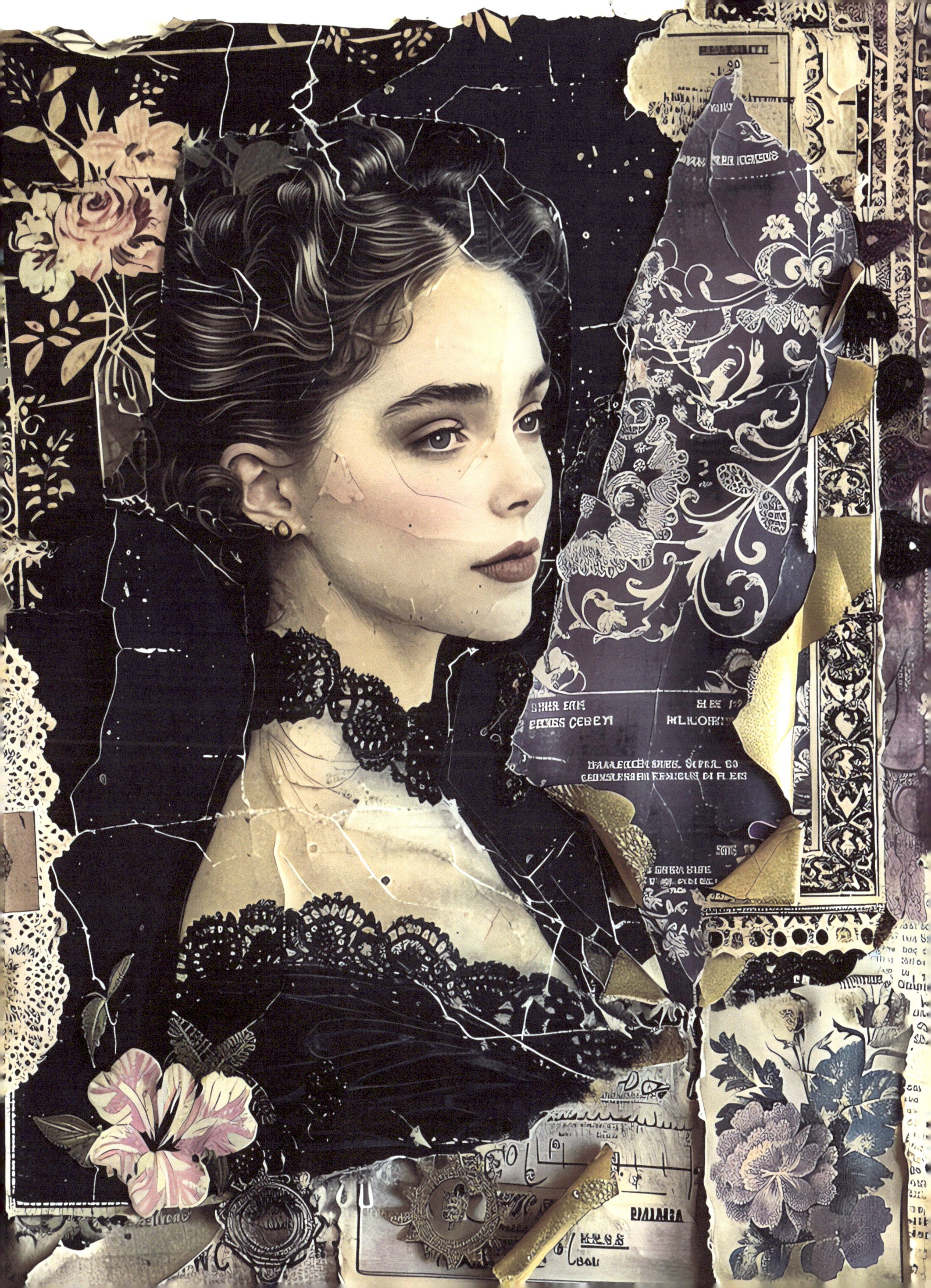

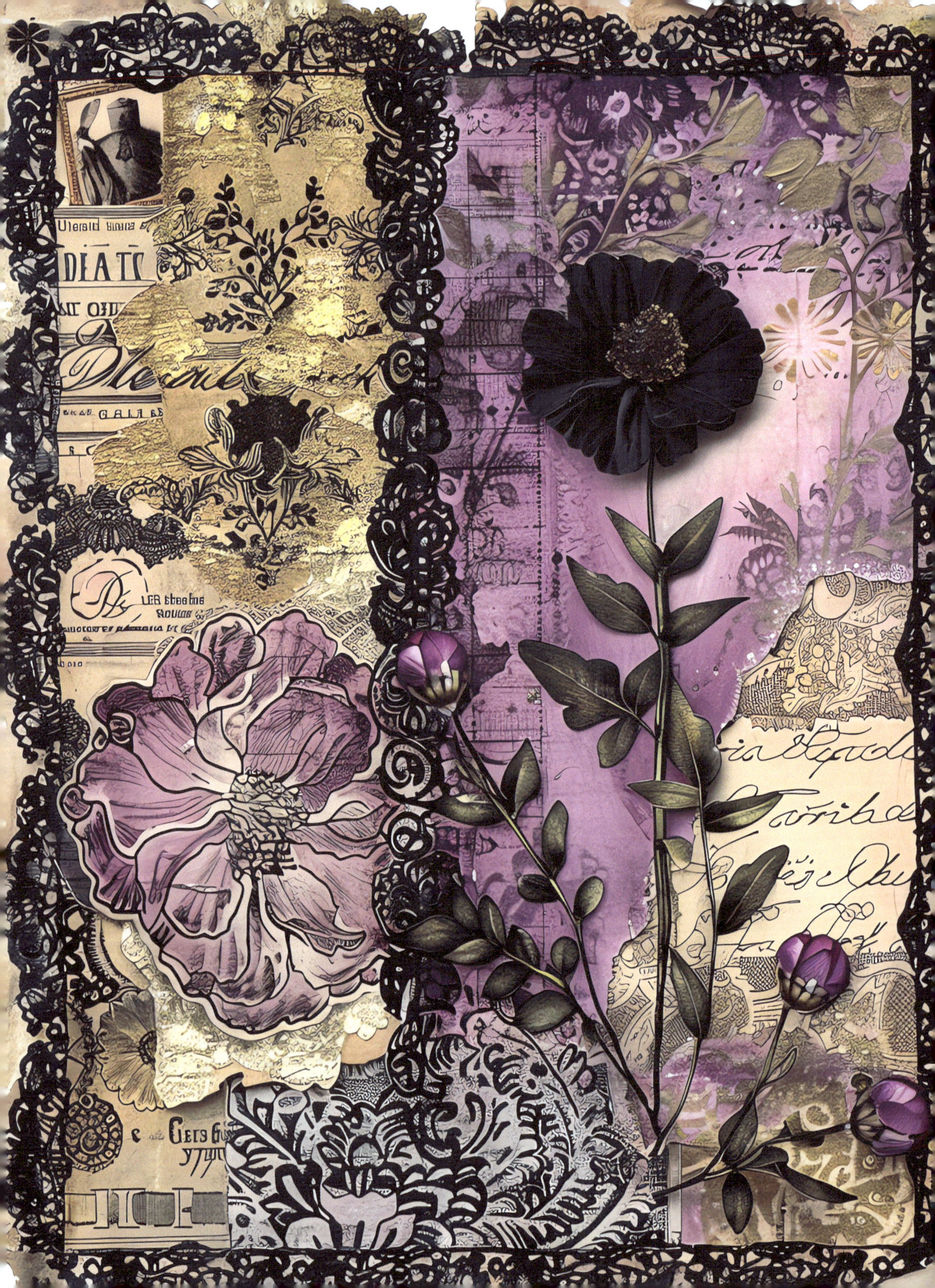

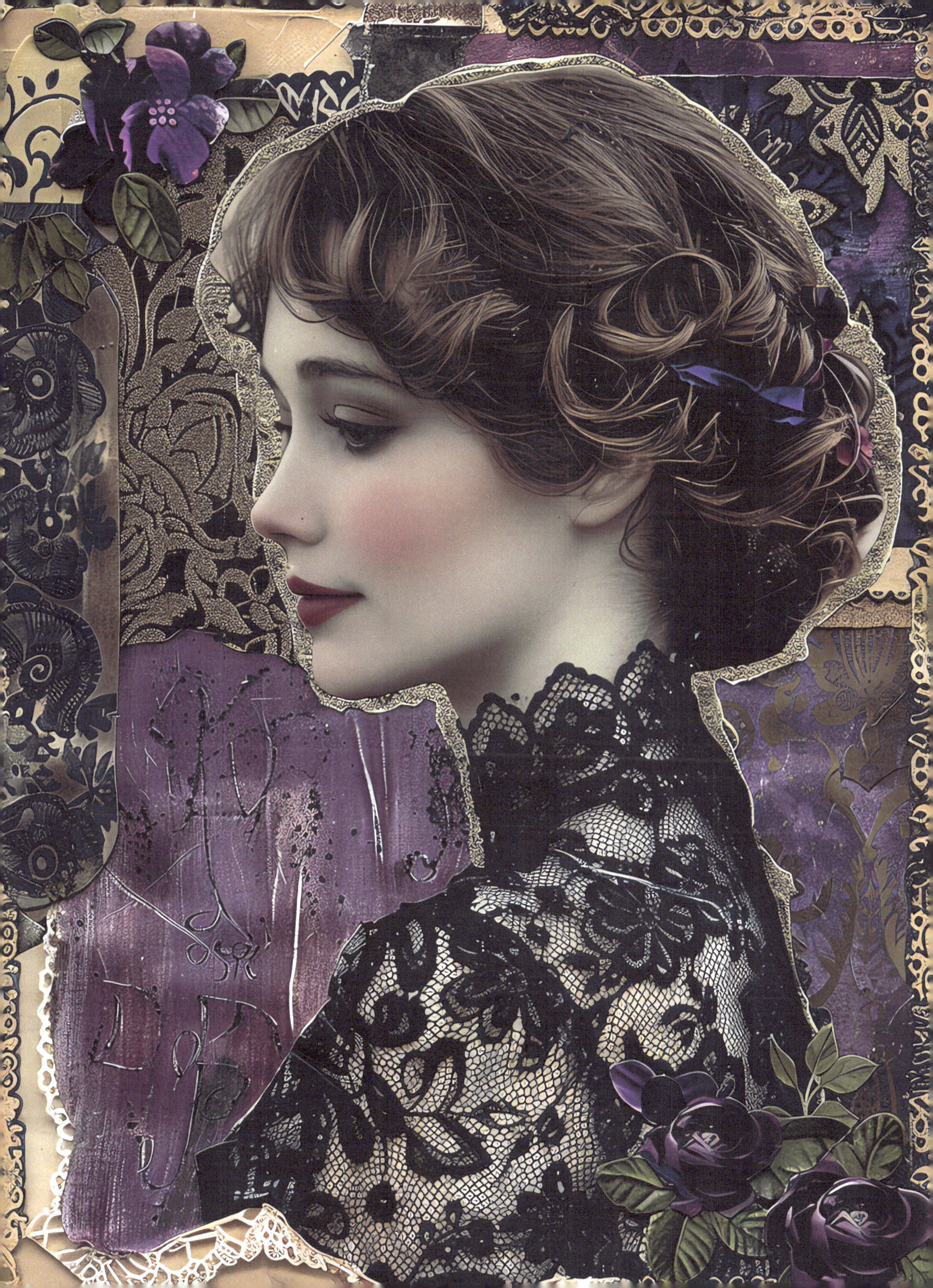

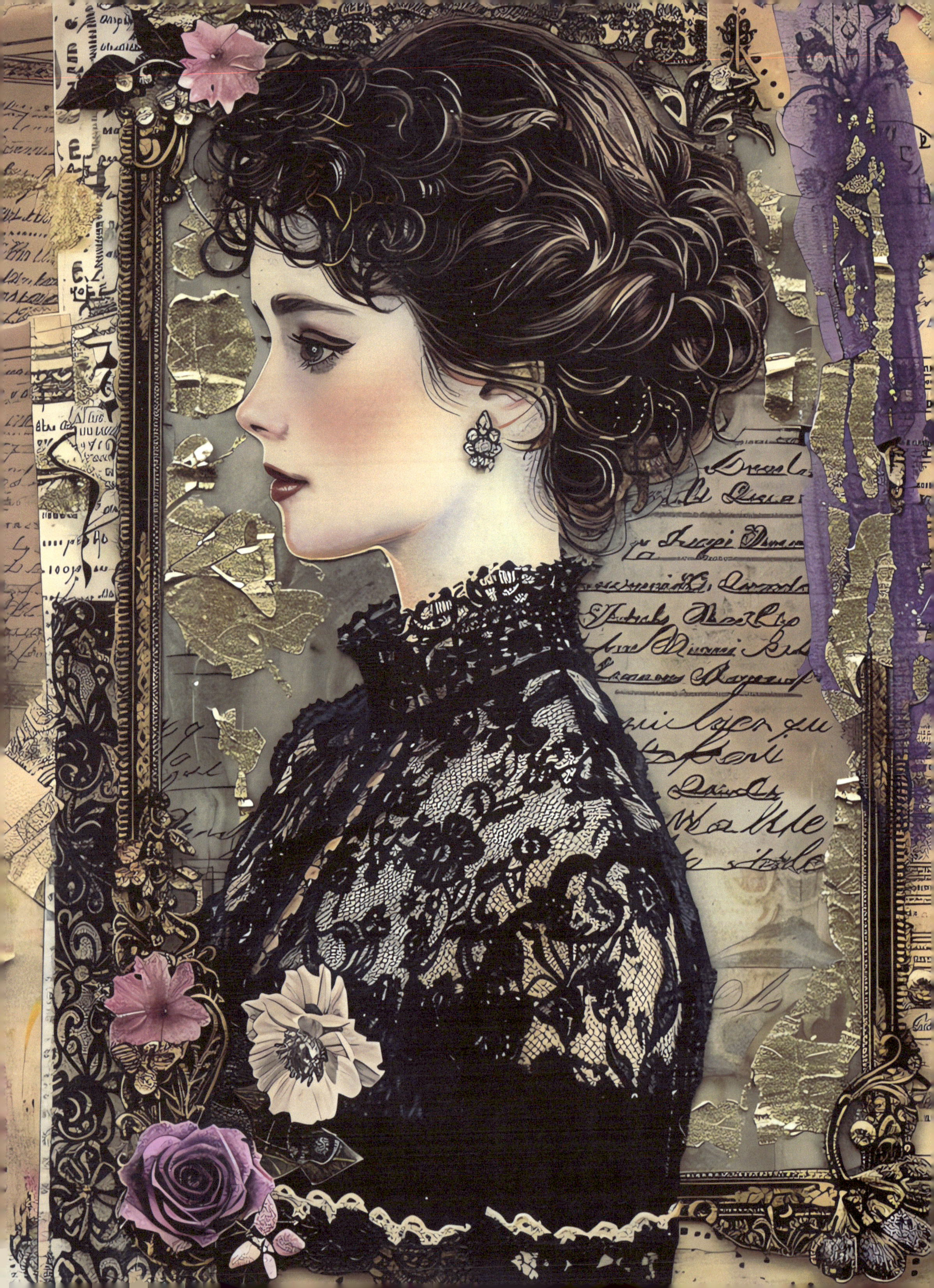

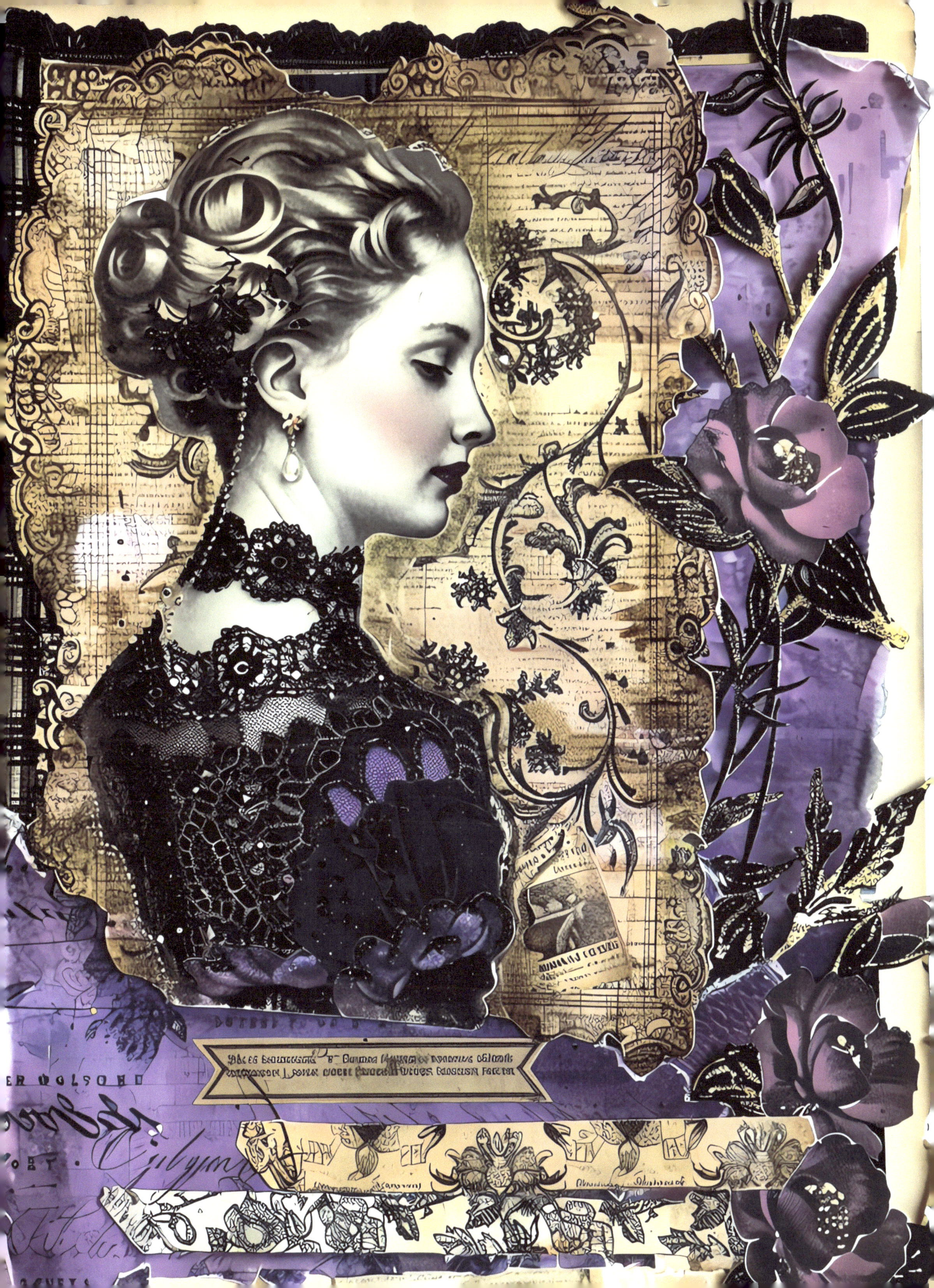

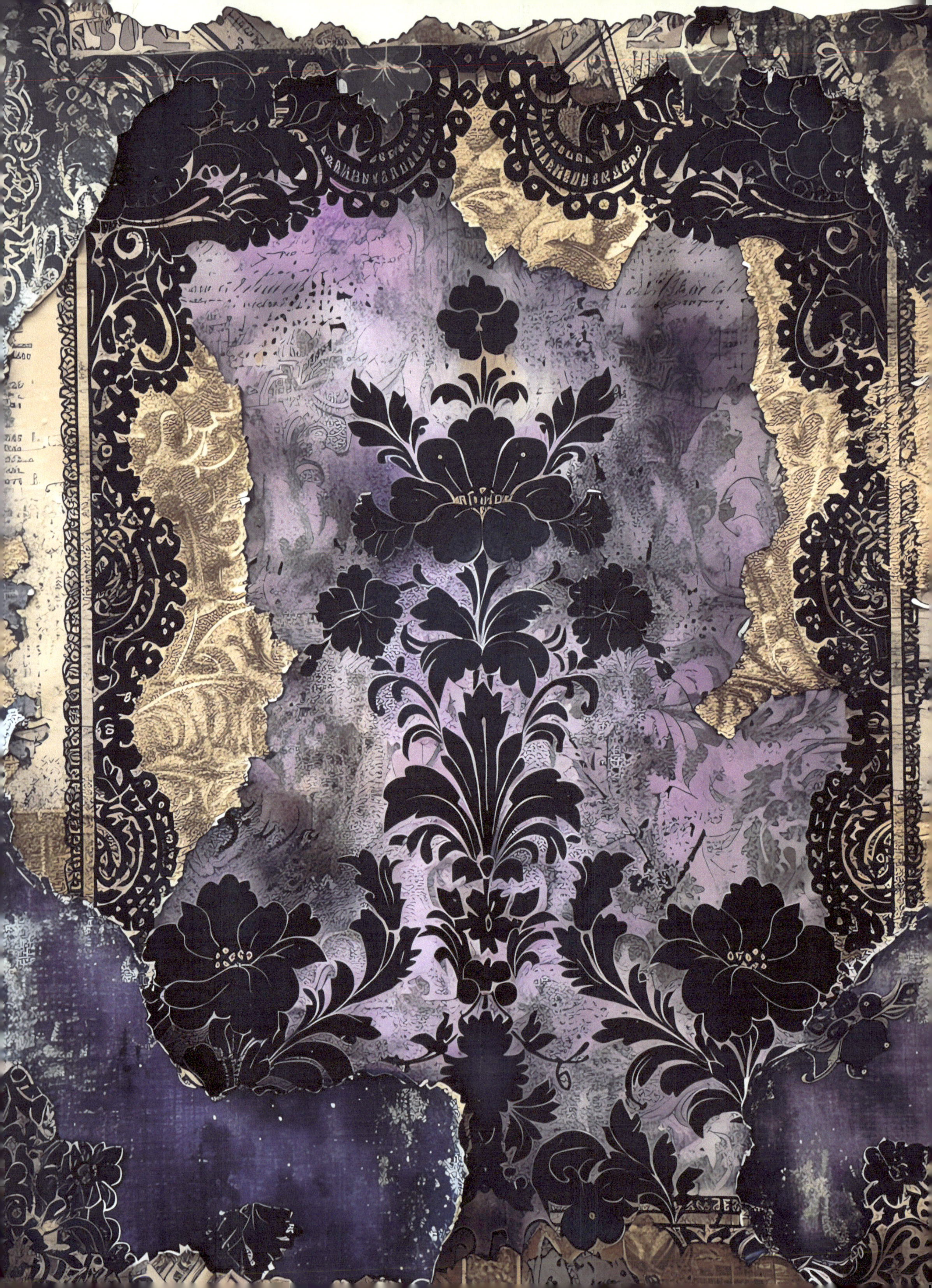

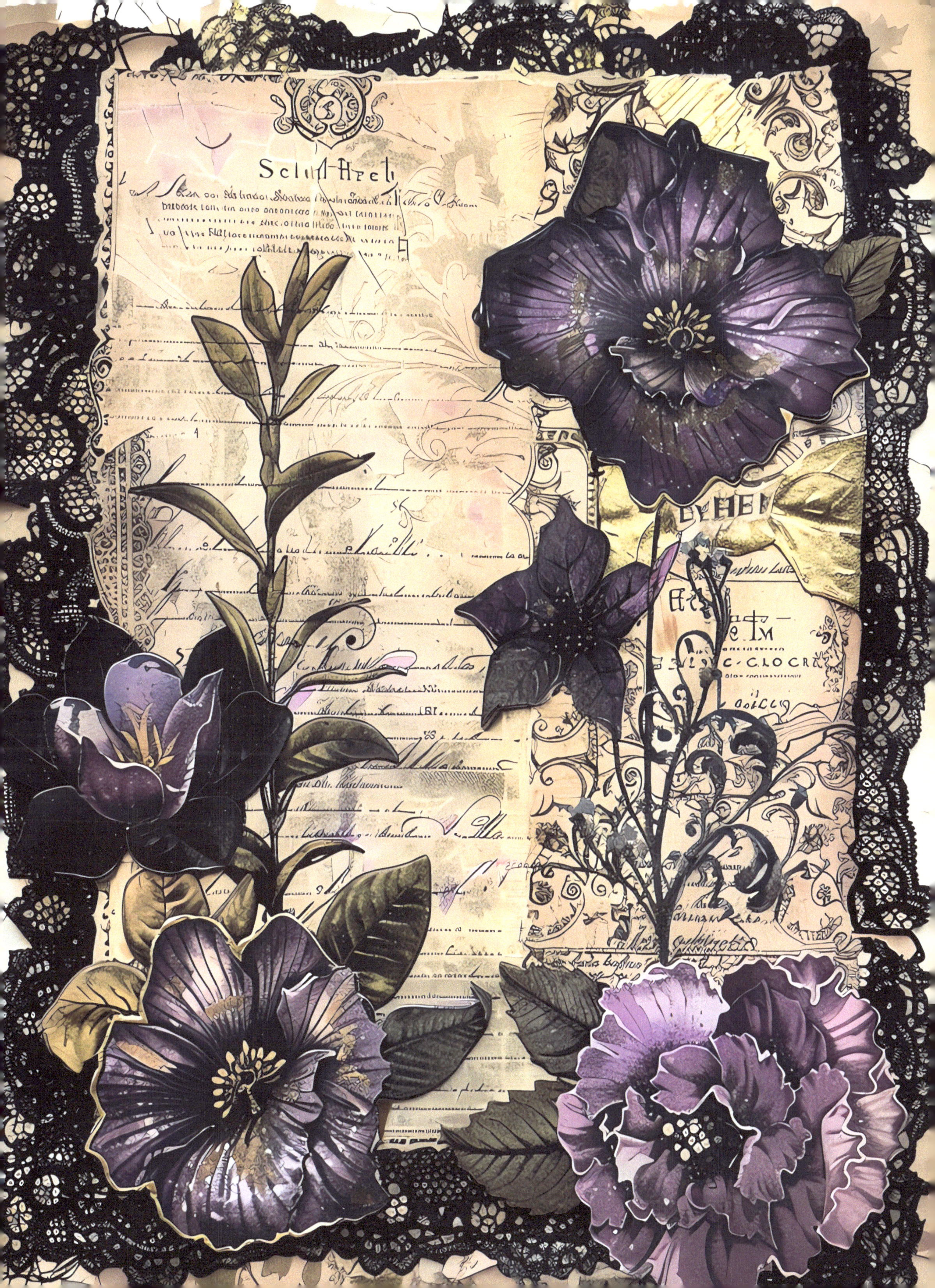

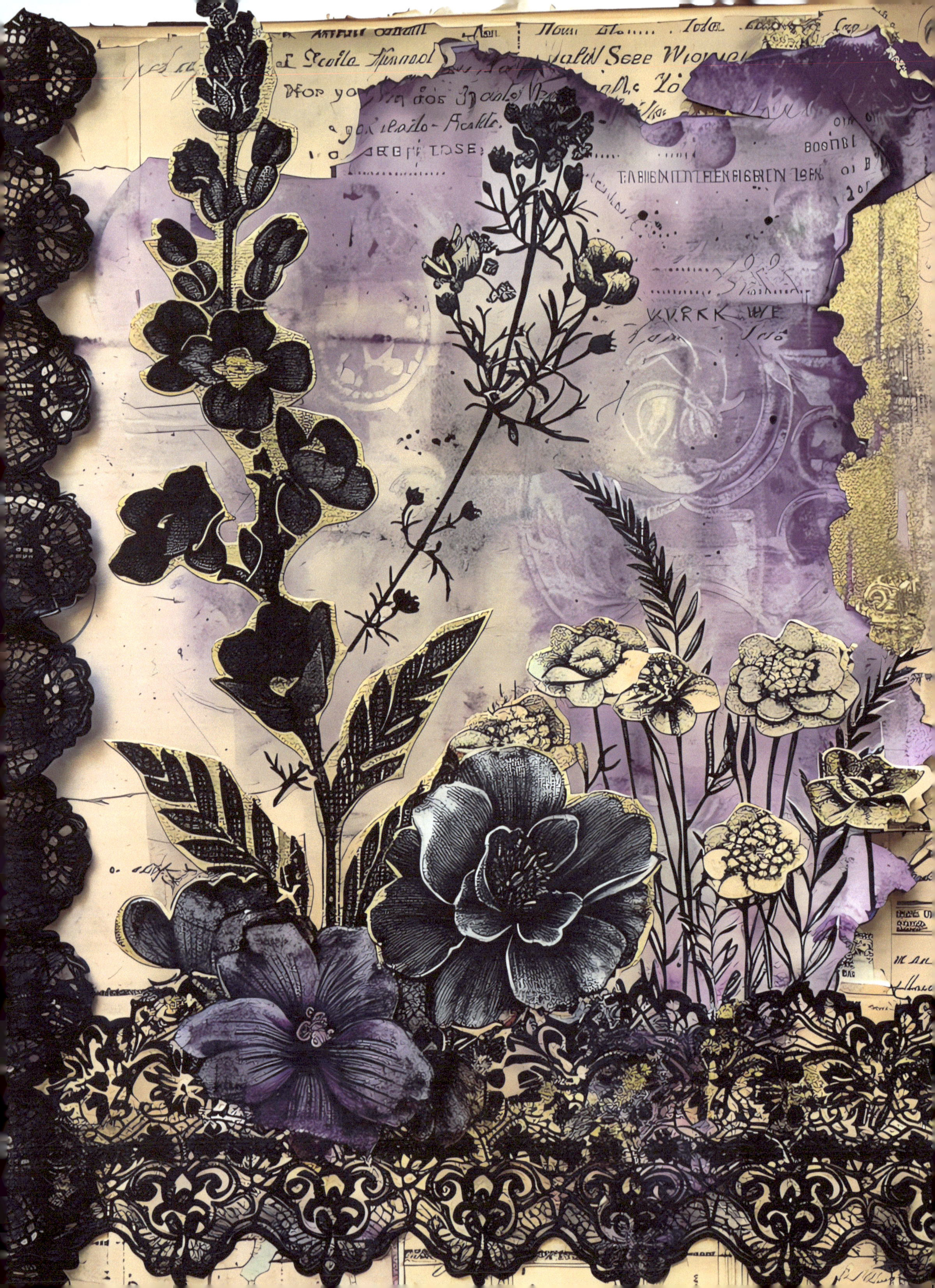

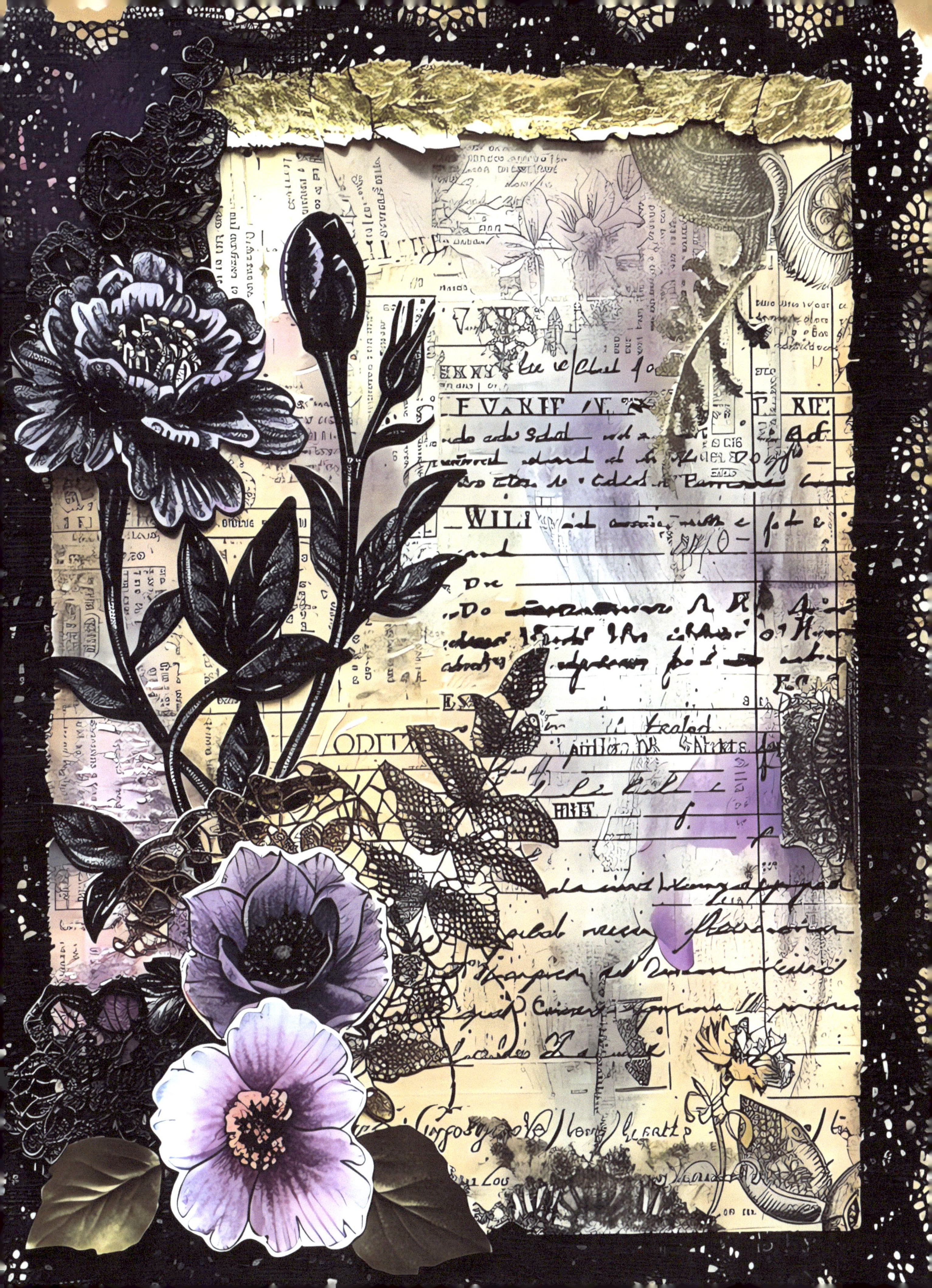

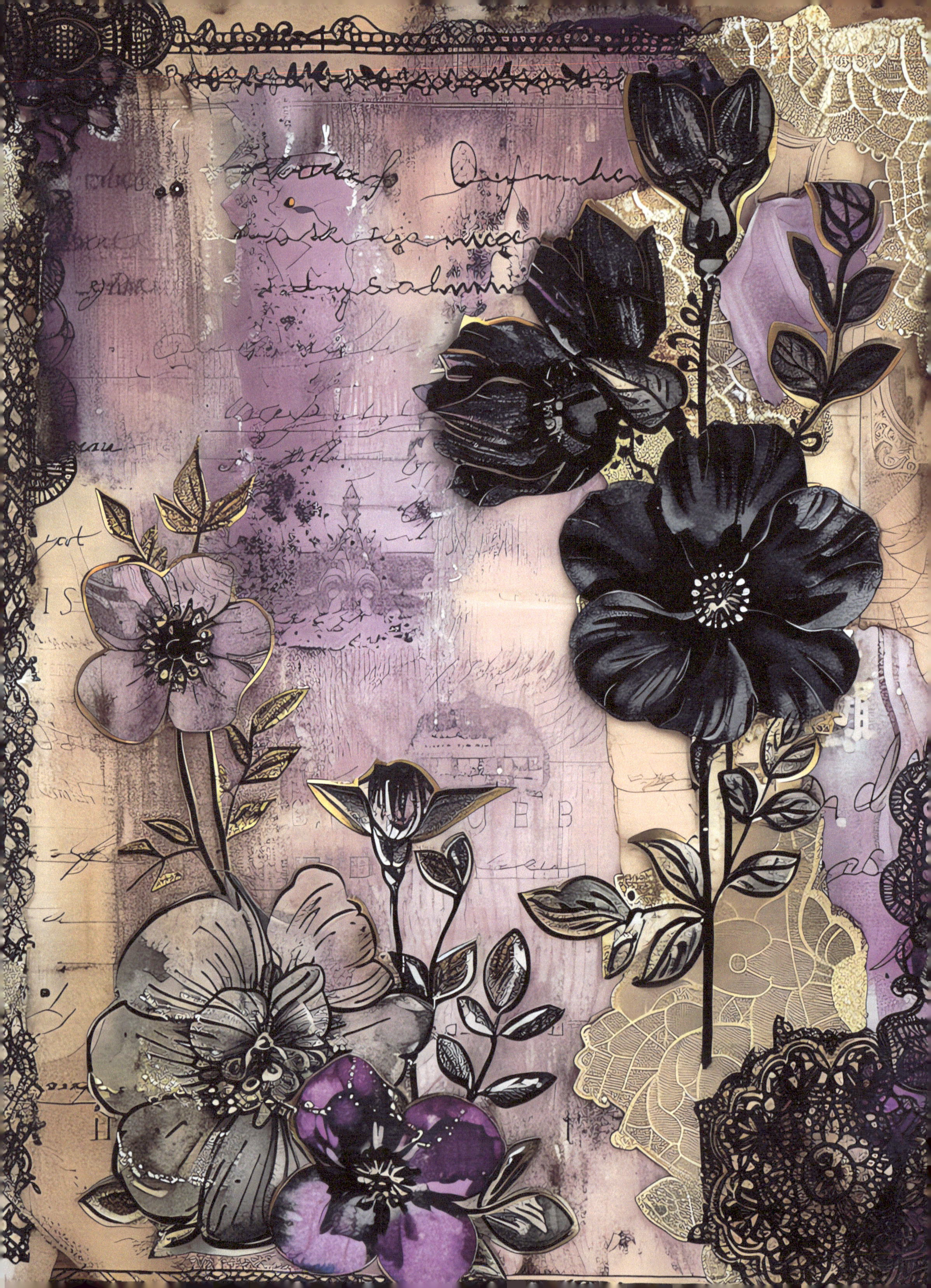

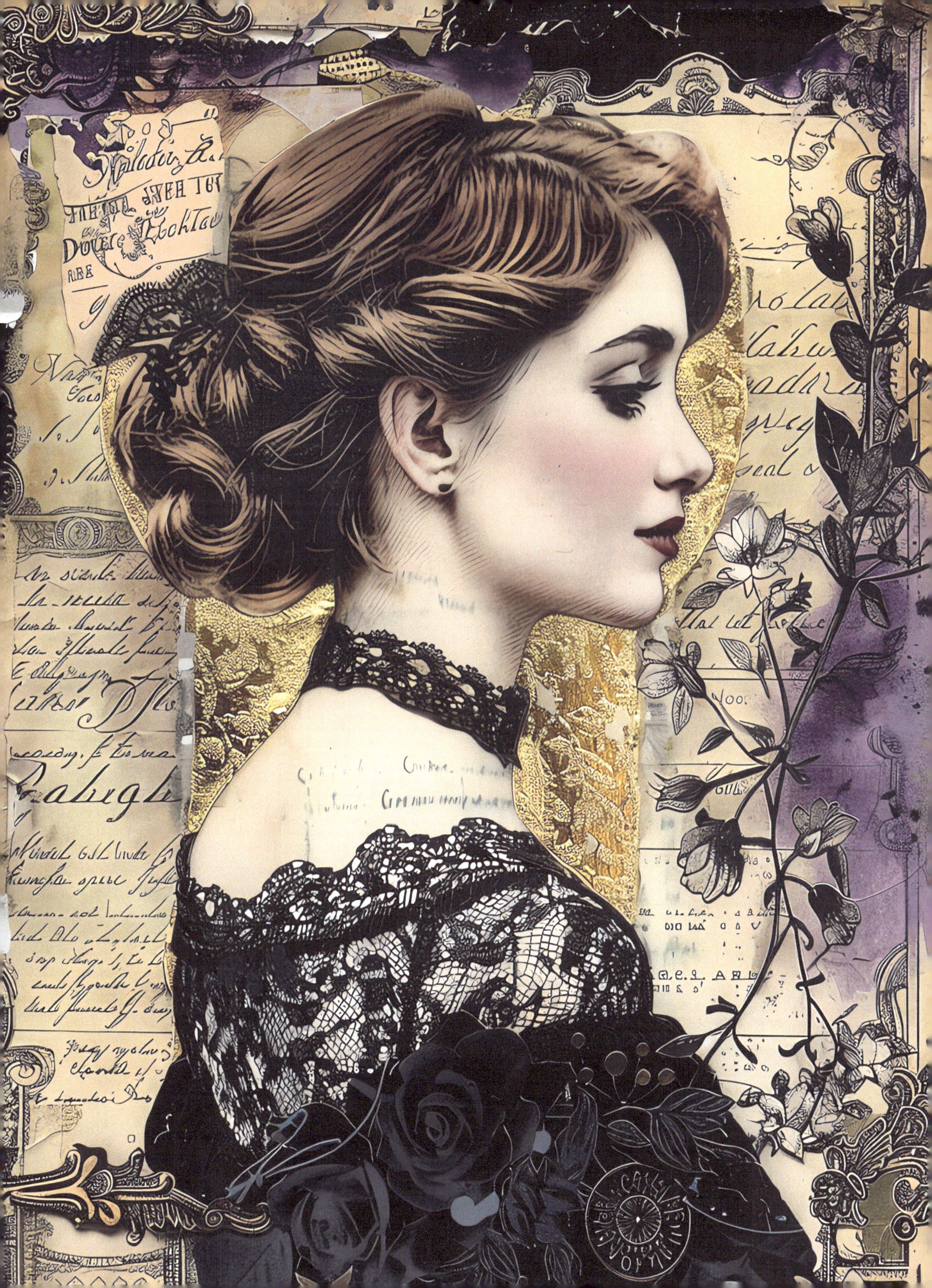

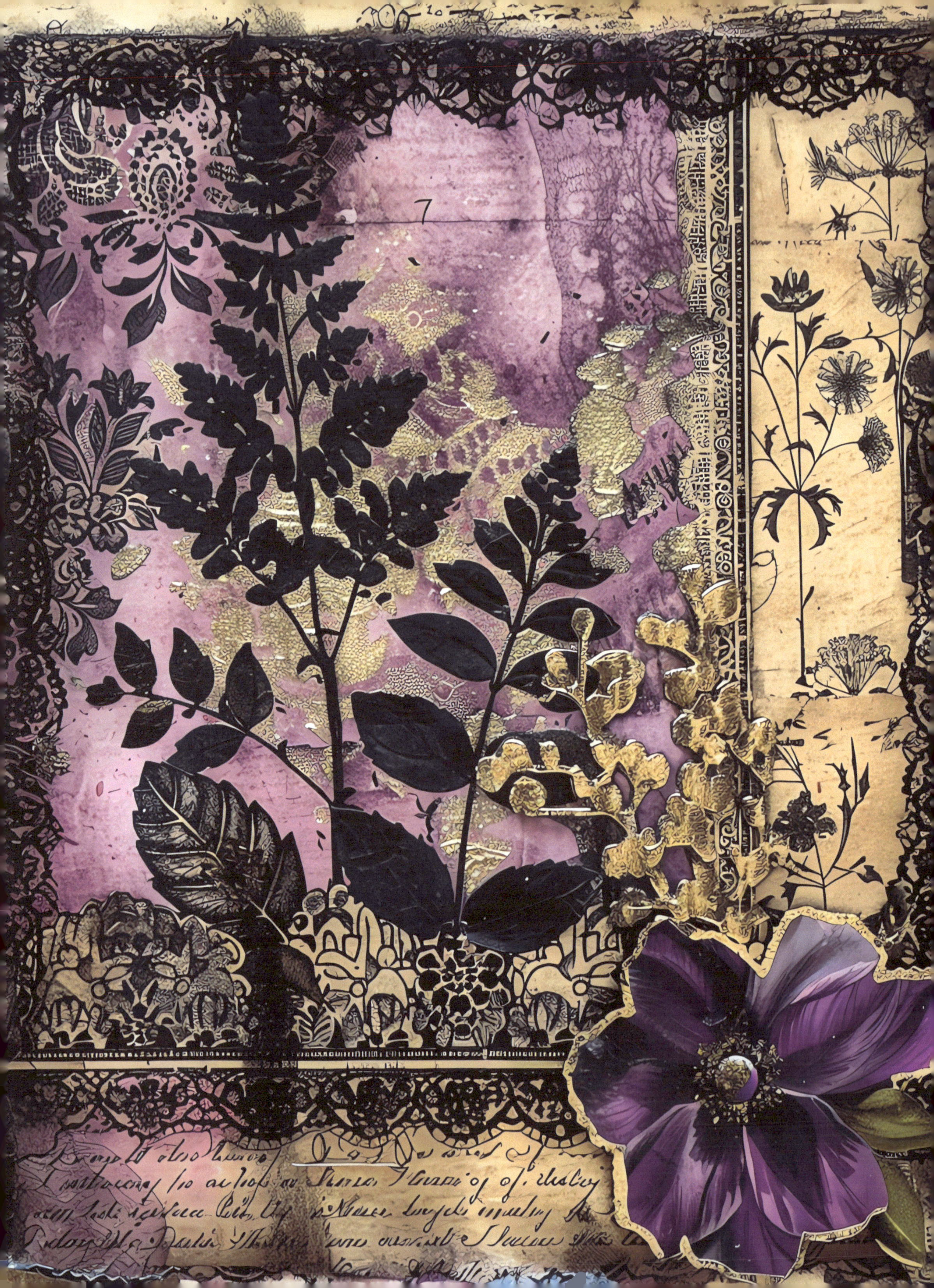

www.ingramcontent.com/pod-product-compliance
Lightning Source LLC
Chambersburg PA
CBHW040445220526
45473CB00004B/1528
* 9 7 9 8 3 0 1 2 3 0 1 7 2 *